中公文庫

１００歳の１００の知恵

吉沢久子

中央公論新社

101歳で大往生された吉沢久子さん。
幸せな言葉をありがとうございました。

目次

装画／雪垣絵美

はじめに

気がついたら、100歳になっていました。こんなに長く生きたのかと、ちょっとびっくりしているというのが正直なところです。

自分の足で立ちたい一心で、仕事を始めたのが15歳のとき。

出版社の事務の仕事について、のちに速記者になりました。戦後は仕事をしながら栄養学校に通い、料理の科学を勉強しました。

その後、結婚してからも仕事はずっと続けていました。当時の男の人は家のことは何もしないのが当たり前でしたので、家事と仕事の両立は大きなテーマ。私が若かった時代は、女性は「嫁」という立場で、朝から晩までひたすら家族に尽くすことが美徳とされました。

でも私は、もっと自分らしく生きたいと思い、そのための道をいろいろ模索してきたのです。なんとか効率のいい家事の方法はないかと、おもしろがって追求しているうちに、興味を持ってくださる方もいて、そこで「家事評論家・吉沢久子」が誕生しました。

自分が便利だと思って実践してきたことを書き、多くの人に喜んでもらえたのは、私にとって大きな励みとなりましたね。

たとえば一九六〇年代には、次々と発売される新しい電化製品をテストし、使い勝手などを自分で試しました。ときにはメーカーから依頼され、発売前にさまざまなテストをしたこともあります。七〇年代の高度成長期には、食品添加物などについて調べたり、家計をどう管理するかといったことを提案したりしました。八〇年代になると、仕事をする女性が増えてきたので、忙しい人にも無理なく作れ、しかも栄養のバランスもとれる料理をずいぶん紹介しました。テレビの料理番組にもかかわっていたので、さまざまな料理人から料理のヒントも学びました し、私自身、「簡単でおいしい料理」を工夫したものです。収納や整理整頓術に関しても、実際に自分で試しつつ、これはいいと思ったことは、みなさんにお伝えしてきました。

このように私がやってきた仕事は、つねに「日々の暮らし」に密着したことばかりです。そして、どんな小さな仕事であっても一つひとつの仕事を丁寧に、全力で取り組もうと心に決め、実際、そんなふうにやってきたつもりです。

40代から60代にかけては、毎日、追われるように忙しかったですね。家事と仕事、介護も加わり、毎日どう生活を回すか、知恵をしぼって工夫せざるをえませんでした。それと同時に、いかに気持ちを安定させ、幸福感を得るかといった「心の問題」も、私にとっては重要な課題だったように思います。

朝日新聞に「吉沢久子の老いじたく考」の連載を始めたのが、79歳のとき。ひとり暮らしも長くなり、高齢になるといろいろな不自由が増えてきます。それをマイナスに考えるのではなく、残りの人生をどのように豊かに、明るく過ごすか。書くことでしっかり自分の「老い」と向き合えました。

こうして振り返ってみると、15歳から100歳までの間、戦争中の一時期を除いて、ずっと仕事をしてきたことになります。生活を楽しみ、仕事を続けているうちに、知らない間にこの歳になっていた、という感じです。

そんな私が、毎日の生活のなかで見つけた「幸せに生きる方法」や「暮らしのアイデア」「簡単に作れるおいしい料理」のなかには、今の時代を生きる人たちのヒントになることもあるかと思います。

私のささやかな経験が、みなさんのお役に立つのなら、これほどうれしいことはありません。

吉沢久子

100歳の100の知恵

第1章

100歳、快適な暮らしの極意
――まず自分をもてなす

ご機嫌でいるためには、まず〝自分をもてなす〟

毎日機嫌よく暮らすには、〝自分をもてなす〟ことも必要です。

私もかつて、忙しさにくたびれたこともあれば、介護や家族の世話で心が疲れがちのときもありました。

やがて、歳を重ねると、自由になる時間が増えました。「時間持ち」になった喜びは大きいものの、今度はそれと比例するかのように、身体が衰えていきます。

人は生きていれば、さまざまな不如意《ふにょい》と向き合わざるをえません。だからこそ、毎日の暮らしのなかで自分を大切に扱い、自分を癒すことが大事なのではないでしょうか。

ちょっとした工夫や、ささやかな心がけで、自分をもてなすことは可能です。

「もてなす」と言っても、たとえばひとりでぼんやりする時間とか、好きなお菓子をつまむことなど、ちょっとしたお楽しみでもよいのです。

いつもご機嫌でいるために、私が実践してきたもてなし法がなにかの参考になれば幸いです。

ヒント

1

とっておきの食器は自分のために使いたい

私は器が好きで、若い頃から気に入ったものを集めていました。なかには作家ものの陶器や漆器など高価なものもあり、特別なときのため大事にしまっていました。

でも、あるときふっと、思ったのです。あと何回、お気に入りの食器で料理をいただけるだろうか、と。私はしまいこんでいた食器をすべて出してきて、普段使いすることにしました。万が一、割れても、ものには寿命があると思えばいいのです。それより、使わないまま眠っていることのほうが、よほどもったいない。そんなふうに考えが変わりました。

気に入った器に、好きなおかずを盛って食卓に置くと、それだけで食べなれたものもいっそうおいしく感じられます。それに器を手に入れたときの情景もふっと蘇ったりして、楽しいのです。器ひとつで、たとえささやかな食事でも、贅沢な時間になります。残りの時間、好きなものに囲まれて、豊かな気持ちで過ごしたいと思います。

ヒント

2

小さなお盆は、自分をもてなす「ひとり膳」になる

私は日頃、ダイニング・テーブルで原稿を書いています。仕事が立て込んでくると、テーブルの上は資料や書きかけの原稿用紙、筆記用具などに占領されます。食事の時間だからといって、いちいち片づけていると、仕事の気分が途切れてしまいます。かといって、原稿用紙が広がった状態でごはんを食べたのでは、なんとなく気持ちがささくれます。

そんなときに重宝するのが、お盆や折敷《おしき》。仕事の道具はさっと脇に寄せ、作り置きのお惣菜と味噌汁、ごはんをお盆にのせれば、ひとり用の膳のできあがり。気持ちよく食事ができますし、おかずの汁などを原稿用紙にこぼす心配もありません。

最近は以前ほど仕事に追われることはなくなりましたが、ひとりで食事をするときは、「ひとり膳」の習慣を続けています。それだけで、なぜか自分をもてなしているような気分になり、ちょっぴり心地いいものです。

ヒント

3

ひとりで、みんなで。テーブルの使い方いろいろ

我が家の玄関を入ると、すぐ、本棚に囲まれたダイニング・テーブルが目に入ると思います。

本棚には、今まで読んできた私や夫の蔵書がずらり。いくらかは整理しましたが、日本文学、西洋文化の歴史のほか、絵本も読むのが好きなのでいろいろな本が置いてあります。本棚と本棚の間の壁には黒板をかけています。

部屋の中央にある少し大きめの長方形のテーブルは、長年続けてきた「むれの会」の勉強会のときにみんなでお話ししたり、お弁当を食べたりする場所として使ってきました。編集者の方と打ち合わせをするのも、このスペースで。テーブルの上には、私の手がとどくところに、電話機と文房具。大きめのテーブルなので、新聞を広げて読むのにも便利です。

このテーブルの上にいつも欠かさないのが、庭に咲いた季節の草花を活《い》けた小さな花瓶です。それだけで温かみのある場所になり、ほっと、くつろいだ気分になります。

ヒント

4

身の丈に合った小さな家のおかげで老いた体も助かる

私は平屋建ての、小さなプレハブ住宅で暮らしています。建てたのは昭和35年。新時代の住宅を試してみたいという好奇心もあり、発売早々購入したのです。手狭だと感じた時期もありましたが、建て替えないまま六〇年ほど経ってしまいました。

歳をとって足腰が弱ってくると、階段のない平屋の家は実に便利です。長年暮らしてきたので使い勝手もよく、こぢんまりとしている点も、老いた身のひとり暮らしにはかえって好都合。

掃除も小さな平屋のほうが楽ですし、家に入りきるだけのものしか持たなかったので、整理も楽です。

身の丈に合ったつつましい暮らし方をしてきたおかげで、100歳になってもひとり暮らしができるのかもしれません。

ヒント
5

胃袋も目も喜ばせてくれる 〝猫の額〟の家庭菜園

我が家には四畳半ほどの広さの家庭菜園があります。春はコマツナ、エンドウマメ、夏はキュウリ、ナス、オクラ、トマト、秋はトウガラシなど。四季折々の野菜のほか、ニラやねぎ、パセリ、ミントやチャイブ、バジルなどのハーブ類も、所狭しと植わっています。薬味となる香味野菜などは、一束買っても余ることが多いので、植えておいて使う分だけ収穫したほうが合理的です。

あるとき、ブロッコリーの苗を植えたらみごとなつぼみをつけたので、一房切り取って食べたらとてもやわらかくて香りも豊かでした。脇芽のようなつぼみを残しておいたら、そこからまた、どんどん成長していくのに気づき、思わぬ生態にびっくり。

身体が動かなくなってからは、甥や姪たちが来て菜園の面倒を見てくれるようになり、私はもっぱら成長の様子を見て楽しんでいます。エンドウの花もかわいらしいし、ハーブの控えめな花も魅力的です。もちろん、収穫したての野菜の味も、充分楽しんでいます。

ヒント 6

「お福分け」という美しい心遣い

ずいぶん昔のこと。夫の叔母が、いただきものの銘菓を五つばかり半紙に包み、「これはお福分け」と届けてくれました。おすそ分けを「お福分け」と表現する言葉の美しさとともに印象に残ったのが、半紙の上にのせられた二本の花穂《かすい》。素敵な心遣いでしたので、花の名を聞いたら、「ミズヒキソウよ」とのことでした。秋に細い花穂に咲くささやかな花は、上から見ると赤く、下から見ると白いのです。誰が名づけたのか、うまい命名だと思いました。

同時に、叔母の「暮らしのセンス」にすっかり感服し、我が家にも植えたくなりました。野の花なので丈夫で、植えるとどんどん増えていきます。秋になると花穂を一、二本切り、コスモス一輪、あるいはホトトギス一茎などを添えて小さな花活けに飾っています。

ヒント 7

ケータリングや お取り寄せも活用

夫が元気な頃は、文壇の方や出版社の人、友人・知人など、いろいろな方をお招きして、みんなで食事やお酒を楽しむことがよくありました。

料理は好きでしたし、レパートリーも多いほうでしたので、手料理でおもてなしをするのが苦ではなかったのです。むしろ、「これだけの予算で、おいしいものをどれだけ作れるかしら」と、ワクワクしたものです。

歳をとって手作りするのが大変になってからは、おいしいケータリングを探して新しい味を試すのも楽しみになりました。また、最近は地方の特産品や銘菓なども電話注文などでお取り寄せできるようになり、重宝しています。

高齢になり出歩けなくなってからは、人に来ていただき、楽しい会話に花を咲かせることが何よりの贅沢。無理して手料理を用意しようと思うとおっくうになるし、招かれたほうもかえって気を遣います。ですからケータリングやお取り寄せを、おおいに楽しんでいます。

ヒント 8

紅茶こしひとつで贅沢な時間に

一日の始まりは紅茶とトーストから。これは、外交官の妻としてイギリスで生活したことのあった姑の習慣で、一緒に暮らしているうちに私もすっかり紅茶党になりました。

ティーバッグでは味気ないので、必ずリーフティーというこだわりを捨てられない私にとって、紅茶こしは生活の友。もうだいぶ前のことですが、ベルギーのブリュッセルの蚤《のみ》の市で見つけたアンティークの紅茶こしを、今も大事に使っています。銀特有の黒ずんだ色ですが、なんとも趣きがあり、ひとめぼれしてしまったのです。

おいしい紅茶を淹《い》れて、ゆっくりと朝食を楽しむのは、なんとも贅沢な時間。そんなとき、実用一点張りの紅茶こしではなく、本当に気に入ったものを使いたいのです。実用的だからと、ティーバッグ派が増えているようですが、紅茶こしの出番をぜひ作っておきたいものです。

ヒント

9

家事のつらさを忘れる「花の家事暦」。歳を重ねてからの喜びに

家事と仕事、姑の介護が重なった頃、私はいつも疲れ果てていました。急に肌寒い日がきて、防虫剤の匂うコートを着て外出しなくてはならないときなど、どうにもならないほど気持ちが沈んだこともあります。かといって誰にも泣きごとなどいえません。

なんとか上手に家事の手を抜くため、庭に咲く花で季節の家事を思い出そうと、「花の家事暦《ごよみ》」を作りました。なんの花が咲き始めたら、どんな家事に手をつけるか。ノートに書きつけて、季節家事の覚え書き代わりにしたのです。

たとえば夏が終わり、ミズヒキソウやホトトギスなど控えめな秋の野の花が咲き始めると、「夏じまいをこころがけなさい」の合図だと思い、「秋冬物の洋服に入れ替えなければ」といった具合。そんなふうにして、ややもすれば落ち込みがちな気持ちを、なんとか奮い立たせていました。

ただ季節を味わう習慣が身についたおかげで、今も四季折々の庭の草花を眺め、日々小さな幸せを感じています。

ヒント

10

子がいなくても「節句祝い」で心が華やぐ

私には自分の子どもがいなかったので、子どものために端午の節句を祝うこともありませんでした。でも、年中行事は心がやわらぐので、ひとりの暮らしのなかでも節句を味わっています。

たとえば三月三日の桃の節句になれば小さな内裏びなを飾り、あられや白酒をお供えし、桃と菜の花を活けます。ちらしずしと蛤《はまぐり》のおすましも、欠かせません。

五月五日の端午の節句が近づくと、菖蒲《しょうぶ》を活けて、菖蒲湯をたて、ちまきを食べます。

九月九日の重陽の節句は、菊の節句ともいわれるので、菊の酢の物を楽しんだり、さかずきに菊の花びらを散らしたりします。

年中行事を祝うと、季節感も味わえるし、なんとなく心が華やぎます。

「ひとり節句祝い」も、なかなかいいものです。

ヒント

11

高齢になっても規則正しい生活を

私は毎朝8時半から9時頃に起床し、まず家の雨戸を開けています。

高齢者のひとり暮らしなので、昼過ぎまで雨戸が閉まっていると、「なにかあったのかしら」とご近所のみなさんに思われるかもしれません。ご心配をおかけしないよう、雨戸を開けるのはちょっとした私の義務だと思っています。90歳を越えてくると、雨戸開けもひと苦労ですが、どうせ起きてやらねばならないなら、ひとつの運動のつもりでやっていました。

体調があまりよくないときやもっと寝ていたいときは、姪に泊まってもらい、雨戸開けや家事をお願いしています。

高齢になってだんだん体が思うように動かなくなると、つい生活のリズムもずるずるしがち。意識して規則正しいメリハリのある生活をすることが理想的で、そうすれば日々新たな気持ちで過ごせると思います。

ヒント

12

ひとりおやつは心から「おいしい」と思わなくては損

ひとりで庭の草花や鳥を見ながら楽しむティータイムは、小さな幸せをもたらしてくれる、大切な時間。一回のおやつも、お茶うけも、「おいしい」と思って口にしなければ損だと思います。

春なら桜餅。私は桜の葉の風味が好きなので、葉ごといただきますが、長命寺（東京都墨田区向島）の「桜もち」のように葉を二枚以上たっぷり使っているものは一枚はがして、「お楽しみ」のために残しておきます。残った葉は水洗いし、塩水につけて冷蔵庫に保存。そして自分用の小さな塩むすびを作り、桜の葉で包んでいただくことにしています。このおむすびをつまみながら熱いほうじ茶を飲み、庭にシジュウカラが餌を食べにくるのを見ているのは至福のひとときです。

うっかりお菓子を用意し忘れたときは、その場にあるものでお茶うけを作ります。秋ならさしずめ、柚子《ゆず》と干し柿のお茶うけ。柚子は皮をむき、実は種をとってからよくたたき、砂糖を加えて練っておきます。皮は内側の白いところをとり、うす切りにし、これも砂糖をまぶしてもんでおきます。干し柿をせん切りにし、柚子の皮と実、干し柿をよく混ぜ合わせればできあがり。

ヒント

13

「ひとり花見」も かけがえのない時間

桜の季節になると、桜の名所は人がいっぱい。家の近くにも桜が美しい公園がありますが、お花見に誘われても私はあまりお酒が飲めないし、人ごみに出かけるのは気が進みません。

そこであるとき、早朝にコーヒーをポットに入れて肩から下げ、ひとりで桜を見に行きました。ときどき犬を連れた散歩の人を見かけるくらいの静かな花の下のベンチに腰をおろし、熱いコーヒーを味わいながらのひとときは、とても心地よいものでした。

気の置けない友だちと桜を愛《め》でるのも楽しいものですが、早朝の「ひとり花見」も、自分をもてなすちょっと素敵な時間の過ごし方だと思います。

ヒント

14

ささやかな庭で四季を感じる

庭は、ささやかな大きさですが、四季折々、さまざまな草花が目を楽しませてくれます。

気にいった植物は、苗をわけていただいたり、ときには種をまいたり。食べたあとにたわむれで埋めたビワの種や柿の種も、芽を出し、いつの間にか大きく育ち、たわわに実るようになりました。

ときどき、「あら、こんなものを植えたのかしら？」と、植えた覚えのない雑木の実生や草花に驚かされます。どうやら、野鳥が種を運んでくるようです。

どんなに小さなものでも、自然の営みを見守るのは楽しいものです。

ヒント 15

根つき野菜は二倍、三倍になって返ってくる

私はセリやミツバ、わけぎなどは、なるべく根つきのものを買うようにしています。そして、ひと通り食べたら、根の部分を菜園に植えておきます。枯れてもともと。芽が出てくれたらうれしいし、ひとり暮らしの青みくらい、それでけっこう間に合います。あるとき、セリを植えておいたら、線香花火をパッと散らしたような白い花が咲きました。

本当に可憐で素敵だったので、虫めがねで一所懸命見たり、摘んでさりげなく小さなビンに挿し、食卓に飾りました。しおれさせまいと思って土に斜めに埋めて保存したまま忘れていたごぼうが、素朴でかわいい花を咲かせたのにびっくり。うれしくて活けたり、わざわざ若い人に写真を撮ってもらい、はがきにして楽しみました。

根つきの野菜は、食べられるだけではなく、姿を愛でる楽しみもあります。プランターでも育ちますので、ぜひ試してみてください。

ヒント

16

安上がりで幸せな台所のアクセント

大根やにんじんは、葉がついているものは葉の部分も料理に使いますが、葉がついていようといまいと、葉の根元の部分はあまり使い道がありません。私はその部分を、よく水につけておきます。

さつまいもも、切り落とした端に芽を見つけると、どうしても捨てられず、切り口を水に浸しておきます。するとだんだんかわいらしい芽が出てきて、青々とした葉をつけてくれます。

観葉植物みたいな感じで台所のアクセントになりますし、伸びた大根の葉やにんじんの葉は、味噌汁の青みにもなります。清楚な花や実をつけている庭の野草を切ってきて、大根の葉を添えて器に活けても、野趣があってなかなか素敵。

貧乏性というか、こんなことが喜びになる自分を、安上がりで幸せな女だと苦笑しています。

ヒント 17

自分を癒すためにプチ家出をしてみた

いろいろ重なって、精神的に追いつめられていたのでしょう。仕事と家事、夫の世話に、姑の介護が加わり、いよいよ私は忙しくなりました。身も心も疲れ切ると、ふっと、ひとりになりたいという思いが心の底から突き上げてきたのです。

　そんなとき私は、家族にも誰にもいわず、突然ひとりで山を見に青梅に行ったり、海を見に横浜に行ったりしました。ほんの二、三時間でもいい、すべてから解放される自分の時間がほしかったのです。気持ちがささくれだったままだと、家族にもイライラした態度をとってしまうかもしれません。そうならないため、ときには嘘《うそ》をついてまで、ひとりでどこかに出かけていました。自分を癒すため、必要な時間だったのです。

　プチ家出は、自分をリセットするひとつの手段。いろいろな感情がたまってきたとき、パッと家を飛び出して自分ひとりの時間を持つのは、気持ちを切り替えるためのいい方法だと思います。

ヒント

18

氷出し緑茶をリキュールグラスに

我が家では夏になると、緑茶の消費量がぐっと増えます。以前は麦茶か紅茶を冷やしたものをよく飲んでいましたが、氷出しの緑茶のおいしさを知ってから、がぜん緑茶派になったのです。急須の中に玉露をたっぷり入れて、細かくくだいた氷を急須の口まで入れておくと、氷が溶けるに従い、甘みを含んだ香り高い美しい色の冷茶ができます。

この味を覚えてからというものの、夏は仕事机の上に急須を置いて、氷が溶ける頃あいを見計らって少しずつ飲むのが楽しみになりました。お客様にお出しするときは、リキュールグラスに入れてちょっと気取ってみたりします。薄い緑色の冷たいお茶がグラスのまわりをぼうっと曇らせて、いかにも涼しげに見えますし、たった一口で飲めてしまうため、一杯のお茶が一瞬で消えてしまう宝物のような感じになります。

もっともいつも玉露では贅沢なので、煎茶で試したところ、これもまたおいしいのです。煎茶のときは、ふっくらした冷茶用のグラスを使っています。

ヒント

19

夏の「駆けつけ一杯」は
レモンミント水で

夏になると、薄く輪切りにしたレモンとミントをグラスに入れ、冷蔵庫で冷やしておいた水を注ぎ、ぶっかき氷を一個浮かせたレモンミント水をよく作ります。かすかなレモンの酸味と香りにミントの緑が加わり、見た目も涼しげで、喉ごしも爽やか。

サッパリして、喉の渇きがパッと止まる感じがします。最初に思いついたのは姪でした。

すっかり気に入り、自分がいただくのはもちろん、夏にお客様が見えたときは、まず「駆けつけ一杯」にレモンミント水をお出しします。

ミントは庭やプランターに一株植えておくと、どんどん増えていきます。デザートに添えたりミントティーにするなど、いろいろ使い道があるので、一株育ててみてはいかがでしょう。

ヒント

20

安眠のおまじないに　ラベンダーで作るハーブ枕

鉢植えにしていたラベンダーの花が終わり、一度刈り込んだのにまた葉が伸び過ぎたので、少しずつ切ってガーゼの袋に入れて、枕の下に置いたりピローケースに入れたりしています。

ラベンダーの香りには精神を鎮める作用があると聞いたことがあったので、ちょっと思いついたのです。効果はともあれ、心地いい香りに包まれると、なんとなく幸せな気持ちになります。

ミントもガーゼの袋に入れてちょっともみほぐすと、あたりに清潔な香りが漂います。お手洗いや台所に置いても、なかなかいいもの。

庭にミントを植えると、ちょっと困るくらいどんどん広がっていくので、毎日取り換えても、もったいなくありません。

ヒント 21

風邪気味のときは〝おいしい良薬〟を

風邪気味かなと感じたときは、温かい飲み物を飲んですぐ寝床に入ると、本格的にひかずにすむこともあります。私のおすすめは、ショウガ入りの葛湯。ゆるめに作った吉野葛にショウガの搾り汁を入れるだけですが、身体のなかから温まるし、なによりおいしいのです。

ときにはハチミツや黒砂糖を加え、甘くしていただきます。海外暮らしが長かった姑は、赤ワインを温めて飲んでいました。お砂糖を入れてもいいし、少しお湯で割ってもかまいません。ただ、ワインは一本開けてしまうと、あとが困ります。日本ならではの卵酒なら、その心配はありません。酒半カップに対して卵一個、砂糖小さじ二杯を小鍋に入れて、ごくごくとろ火にかけるか湯せんしながらかき混ぜて、とろっとしたらできあがり。

ちょっと手間がかかりますが、おいしさを思い出し、ときどきふっと飲みたくなります。風邪予防も楽しくないと続かないので、「おいしい良薬を」が私のモットーです。

ヒント

22

冬至にはカボチャと柚子湯で気持ちを上向きに

昔の日本人は、冬至になるとカボチャを食べ、柚子を浮かべたお風呂に入ったものです。

これからの冬本番、風邪をひかずに過ごせるようにという願いをこめての習慣でしょう。これは決して非科学的なこととはいえず、カボチャはカロテンやビタミンC、ビタミンEなどをたっぷり含んでいる食品だし、柚子の香りに包まれたお風呂でゆっくりリラックスするのは、素敵な休息です。

柚子の果汁と皮を使い、ハチミツで甘みをつけた熱い飲み物も、身体を温めてくれ、ビタミンCの補給になります。昔からの季節の習慣は、生活の知恵や工夫が染みこんでいるし、なんとなく楽しい気分にしてくれます。

とかく気持ちが沈みがちな寒い季節。ささやかなイベントで、自分の心を盛り上げることも大事です。

ヒント

23

お正月は新品をおろして新しい気持ちで迎えたい

歳をとってからは、お正月の用意も、自分の体力と相談しながら最低限にすませています。

ただ、「新しい気持ちで迎える」という姿勢は大切にしたいので、花を飾り、自分用のスリッパを新しくし、下着、パジャマ、ふきん、菜箸、トイレ掃除用のブラシといったものを新しくします。ささやかな日用品ばかりですが、こういうものを新しくすると気持ちに弾みが出てきます。

おせち料理も、ゆり根きんとんと、酢蓮《すばす》、干し柿のなますなど、どうしても食べたい好物のみを作ります。これに取り寄せたものや到来物などを加え、お重詰めにすると、なんとなくお正月らしくなるものです。

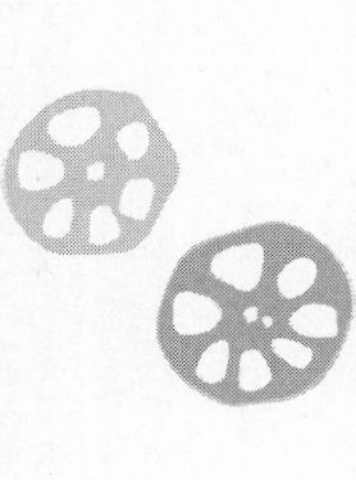

第2章

家事は簡単で清潔がいちばん

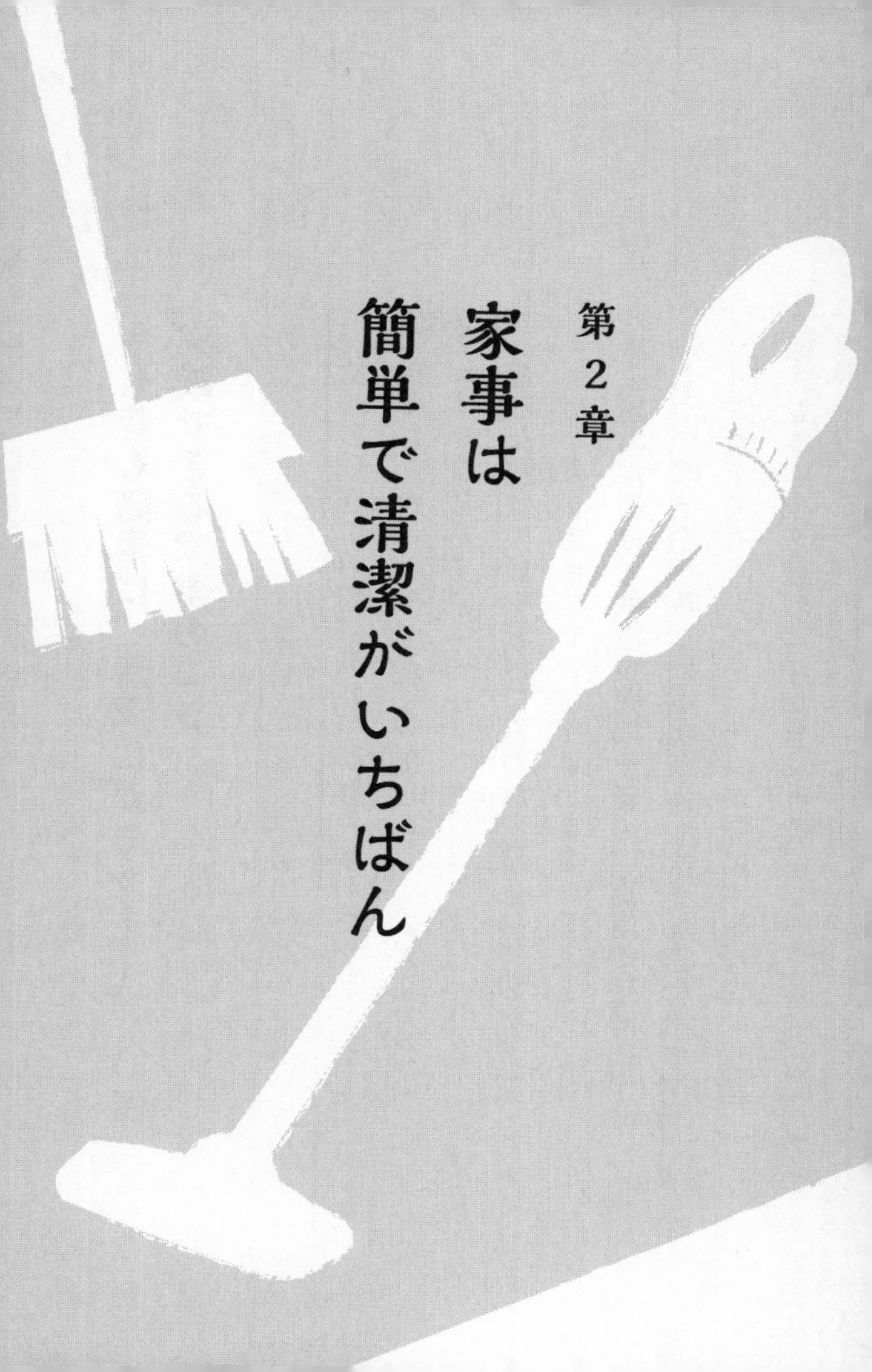

今も昔も簡素に、清潔にがモットー。実践できる家事のコツ

私は100年の間、世の中の移り変わりを肌で感じてきましたが、いちばん印象的なのは、女性の生活が変わったことです。

昔の女性は一日中家事に追われ、自分の時間など、まったくありませんでした。私が家事評論家として仕事を始めたのは、戦後復興期を経て、高度成長時代が始まった頃です。新しい電化製品も次々と世に出て、公団住宅でダイニングキッチンが登場するなど、生活様式もガラッと変わっていきました。

ですから新しい時代の家事はどうあるべきかを考え、工夫すべき点が、山ほどあったのです。そこで私はさまざまな調理器具や生活用品を使い、家事を効率よくする方法を日々考えるようになりました。私は若い頃から好奇心が旺盛でしたので、新しい道具や電化製品が出ると、ぜひ自分で試してみたいと思わずにはいられなかったのです。

家事に関して創意工夫をするのが、楽しくて仕方ありませんでした。なぜなら、家事を効率よくこなしたら、女性はもっと自由な時間を手に入れることができる。それが、女性の人生を豊かにしてくれるのではないかという希望があったのです。そうやって見つけた家事のコツは、老いて体がきかなくなってからも役に立っています。

ヒント

24

見直したいさらし木綿

「さらし木綿」といっても、最近はピンとこない人も多いかもしれません。「お寿司屋さんで寿司職人がまな板をきゅっと拭いている白い布」といえば、あぁ、あれね、と思う方もいるでしょう。

私は家事評論家という仕事上、実験のためにもさまざまなふきんを使ってきました。麻ふきん、二重のガーゼ、化学繊維、メッシュのふきん……あれこれ試行錯誤した結果、いちばんしっくりきたのが、昔ながらのさらし木綿です。

さらし木綿とは、やや太い木綿の糸で粗く織った平織の布で、吸水性がよく、丈夫で洗濯にもよく耐えます。値段も安く、一反八〇〇円くらいから買えるはずです。幅は三二〜三四センチが基準で、一反九〜一〇メートル。一反から約三〇センチ四方のふきんが約三〇枚とれます。

食器を拭くだけではなく、蒸し器にかけたり、玉ねぎのみじん切りなどをさらしたりするのにも使いますし、私はもみのりを作るときにも使います。魚料理のときなど、魚の水気をとるのにも便利です。

ヒント 25

ストレス解消に鍋磨き

仕事と家庭の切り盛りで、目がまわるような毎日を送っていた頃、ときどき、突然台所で鍋磨きを始めることがありました。それはたぶん、今しなければならないなにかをいっとき忘れるための〝逃げ場〟だったのでしょう。

手を動かしてなにかに専念する時間は、たとえ一〇分や一五分という短い時間であっても、別の世界に自分を置くことになるので気分転換になります。

そんな自分の癖を考えて、ふだんはアルミの打ち出し鍋を使っています。手荒に磨けない鍋は、私の性に合わないのです。アルミの打ち出し鍋は火のまわりも平均してやわらかだし、厚めのものを使えば、少しくらい流しの端にぶつけたところで、へこんだりしません。

いちどきに全部の鍋を磨くのは大変なので、せいぜい二個か三個。ストレス解消の副産物として鍋がきれいになるのですから、一石二鳥ともいえます。

ヒント

26

台所に一瓶のアルコールを

冷蔵庫は、清潔に保ちたいもの。私はものを出し入れするついでに濡れふきんでまわりを拭いておき、庫内に隙間ができたときは、ティッシュにアルコールを吹きつけたもので拭くようにしています。たまには中のものを出して、まずきれいな濡れふきんで拭き、棚は外して洗い、庫内の隅々までアルコール拭きをします。

食器棚の掃除をする際も、濡れタオルなどで拭いただけでは雑菌が繁殖しやすいので、アルコールで拭いて仕上げると安心です。

シンクの下の棚なども、ときどき中のものを出して整理し、敷紙《しきがみ》を取り換える前にアルコールで拭きます。

エアコンやテレビのリモコンなども、使っているうちにボタンのまわりなどに汚れがたまりがち。綿棒にアルコールをつけてさっと拭いておくと、汚れがとれ、消毒にもなります。

ヒント

27

冷蔵庫の棚おろしはゲーム感覚で楽しんで

冷蔵庫の奥のほうから、古くなった食材や、野菜の切れ端が出てきた……そんな経験は、誰にでもあるはず。

冷蔵庫の中をスッキリさせるためには、定期的に中身をチェックして、なにが入っていていつまでに使うかを頭に入れておきたいものです。そのうえで月に一度くらいは冷蔵庫に入っているものをいったん出して、棚おろしをするといいと思います。

棚おろしをする日を決めたら、二、三日前からなにも買わないようにし、冷蔵庫の中のものでやりくりします。それだけでも、一段分くらいはものが減るはず。ゲーム感覚で取り組むと、けっこう楽しい気分になります。その後、棚おろしをして、処分しなくてはいけないものがあれば処分します。

棚おろしを繰り返していると、食材の買い過ぎに気づいたり、いつも残りがちなものがわかってきます。また、あるものでまなかう知恵もついてくるはずです。

ヒント

28

食材は使い切る
〝もったいない〟精神で

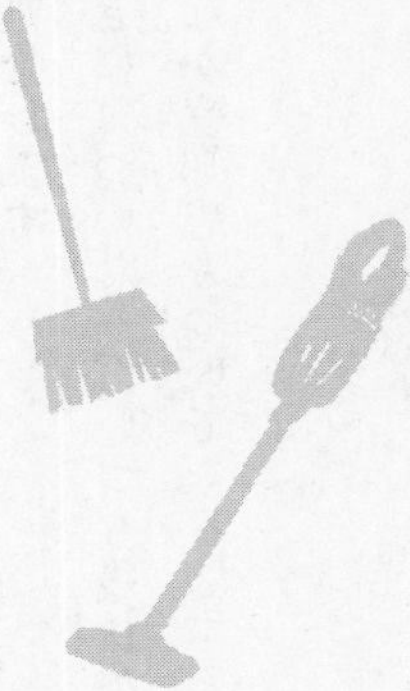

うどの皮のきんぴらは、料理屋さんでいただき、「なるほど」と思ったお味でした。本当にお料理の心がある方は、皮までちゃんと使うのですね。それ以来、うちでも定番になりました。うどの皮は酢水につけて灰汁《あく》を止めた皮を繊維に沿って少し斜めにせん切りにし、水につけて酢味をとってから水気をよく切り、ゴマ油で炒めて醤油とみりんで味つけします。

サッパリした味がお好みなら、サラダ油で炒めて。ごぼうのきんぴらのように濃い味つけにすると、せっかくのうどの風味が消えてしまうので、調味料は控えめに。いりゴマと一味唐辛子粉をふると、ごはんのおかずにも、酒の肴《さかな》にも重宝します。

根ミツバの根も、よく洗ってヒゲ根をとり、きんぴらにします。香りもよく、すごく上等な料理に見えます。お客様にお出しすると、「へえっ！」と驚かれ、喜んでいただけます。

〝もったいない〟精神は、いってみれば工夫の親。しかも食材を丸ごと利用するようにすると、生ごみの量も減ります。

ヒント

29

老いてからの「ひとりごはん」テクニック

家族がいるときは毎回ごはんを炊いていましたが、ひとり暮らしで毎回ごはんを炊くのはけっこう面倒です。

とくに老いてからは、いちいちお米を研いで炊くのも、ときにはおっくうに感じられます。そこでいちどきに三合炊き、小分けしておむすびにして、ラップで包んで冷凍するようになりました。そうすれば忙しいときにもさっと食事をとることができますし、体がしんどいときも助かります。

ねぎも新鮮なうちに刻んで冷凍しておきます。豆腐をゆでてペースト状にしたものを冷凍しておくと、解凍して少し味つけをするだけで、スープになります。タラコのペーストも作っておくと便利です。塩タラコと同量のバターを練り合わせるだけですが、小分けして冷凍しておくと、サンドイッチの具にもなるし、ゆでたパスタにからめればあっという間にタラコスパゲッティーができます。

ひとり暮らしだからといって、食生活がいい加減にならないように。そのために冷凍テクニックは、力強い味方です。

ヒント

30

台所道具は、長年愛用できるものを見つけよう

台所の道具は、間に合わせのものは買わないほうがいいと思います。今では一〇〇円ショップでさまざまな道具が手に入りますが、茶こしひとつとっても、じっくり選んで長くつきあったほうが結果的に経済的ですし、暮らしの質もよくなるはずです。

我が家でも、五〇年以上使い続けている道具があります。たとえば京都で買った銅線で編んだ豆腐すくい。少々値は張りましたが、職人技がなす美しさはかけがえがありませんし、傷んだら修理もしてくれます。使い勝手がよく、気に入った道具は、年々愛着が深まっていきます。

ものを大事に使い、「捨てない暮らし」をする。それも、暮らしのひとつのスタイルだと思います。

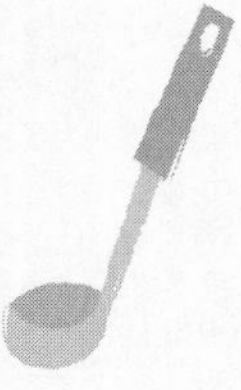

ヒント

31

ものを減らすのも
ほどほどに

合理的な整理整頓術に関しては、長年考えてきました。家も決して広くはないので、限られたスペースでいかに美しく気持ちよく暮らすかは、生活術のテーマでもあったのです。そこで30代の頃、どこまで生活をシンプルにできるか試してみました。

食器は、お皿は白の大小、ごはん茶碗、和洋どちらにも使えるカップ、グラスに絞り、あとはとりあえず箱に詰めて物置へ。食事のたびにどのお皿を使おうかと迷うこともなくなり、家事の煩雑さが一気に減りました。ところがそんな生活をしばらく続けているうちに、なんだかつまらなくなってきました。緑茶は趣きのあるお湯のみでいただいたほうが気分がいいし、味噌汁は汁椀でいただくから味わいがある。つまり器も含めて料理であり、生活のうるおいでもあるのでしょう。

生活の質は、合理的かどうかだけでは測れません。暮らしの彩りが心の豊かさにつながるのだと、実際に自分で試してみて、つくづく実感しました。

ヒント

32

食器に紙一枚、思わぬ効果アリ

大きな地震を経験した友人から、被害を受けたあと、片づけをしながら、思いがけない発見をしたと聞きました。食器棚には転倒防止の金具をつけてあったものの、揺れで棚の食器がずれて、壊れてしまったものも多かったとか。ところが、食器同士がすれて傷がつくのを心配し、重ねた間に一枚ずつ和紙を敷きこんであったお皿などは、みんな助かったと言うのです。紙一枚が滑り止めになったのでしょう。

私はもともと食器がぶつかる音が苦手なので、音を避けるために懐紙やエアークッションを挟み込んでいました。友人の話を聞いてから、小皿の五枚揃いなどを重ねてあるのを、ちょっと横から押してみたりしましたが、たしかに敷紙があるもののほうが安定しています。

音への考慮でしていたことが、地震の際にも役立つと教えてもらい、なるほどと思いました。

ヒント

33

タオルの模様替えだけでも気分が明るく変わる

かつて梅雨のある日、デパートのタオル売り場を通りかかり、「そうだ、タオルの模様替えをしよう」と思いついたことがあります。

売り場に並んだパステルカラーの手拭きタオルを一〇枚ほど出してもらい、試しにいつも私がやっている通りの畳み方をしてみたら、ふっくらとした、明るい印象です。

これをうちの洗面所に置いたら、じめじめとした梅雨の季節も、洗面所の雰囲気がぐっと明るくなると思い、すぐに手拭きタオル一〇枚と、バスタオルを買いました。

ほんのわずかな模様替えでも、家の中の雰囲気を変えてみると、気分も変わってうれしいものです。とくに高齢になって、くすんだ色に囲まれていると、なんとなくわびしい気分になります。

タオルなど小さなもので家の中に明るい色を呼び込むと、ちょっぴり心が華やぎます。

ヒント

34

老いてからは「ちょこちょこ洗濯」が役立つ

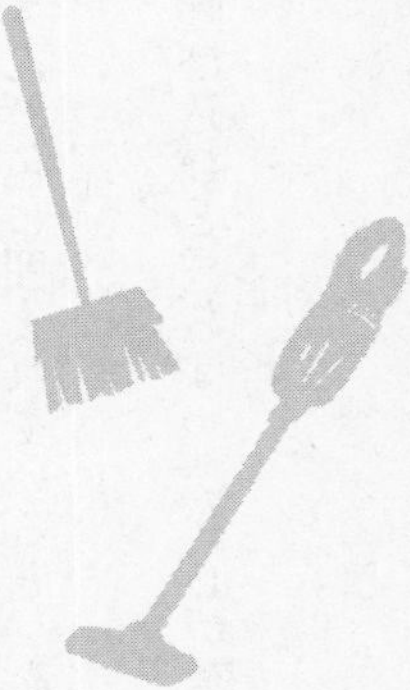

私は昔から、素肌につける小物やハンカチ、靴下などは、ためてから洗わず、お風呂場や洗面所でちょこちょこっと洗うことを習慣にしていました。

小物を洗濯機で洗おうとすると、分類してネットに入れたりしなくてはならず、けっこう手間がかかります。

でもお風呂のついでや、出かける前の一〇分、一五分のちょっとした隙間時間に手洗いしておくと、かえって面倒がなく、結果的に家事の手間が省けるのです。

汚れをためてしまうと労力が大変で、身体に負担がかかるので、毎日サササッとやってしまったほうが老いた身には結局楽なのです。無理せず、できることを少しずつ。

できないことは、甥や姪など人に助けてもらい、今の私の生活が成り立っています。

ヒント

35

忙しい人は隙間時間に「こまめ家事」を

40代から60代は、仕事と家事で、毎日目がまわるような忙しさ。

年末ともなると、原稿の締め切りやお正月の準備でさらに忙しいので、大掃除のためにまとまった時間を作るのは無理でした。そこで一気に大掃除をするのではなく、こまぎれの時間を利用して、少しずつ前倒しでやっていました。

たとえば食器棚は、「今日はこの段」と決めて食器を取り出して整理をし、敷紙を外して熱いお湯で絞ったタオルで拭いたあと、アルコールで拭き、新しい敷紙に換える。明日は他の段、といった具合です。部屋の掃除も「今日はこの引き出し」とか「今日はこの窓」と決めたところを進めます。

歳をとって体がきかなくなってから、この「こまめ家事」の習慣が存外役に立つことに気づきました。

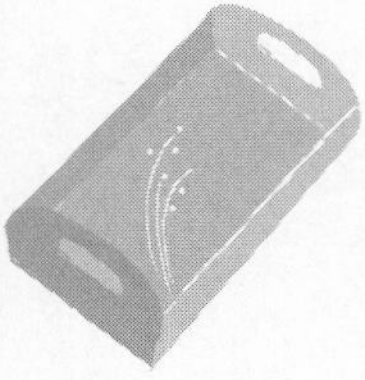

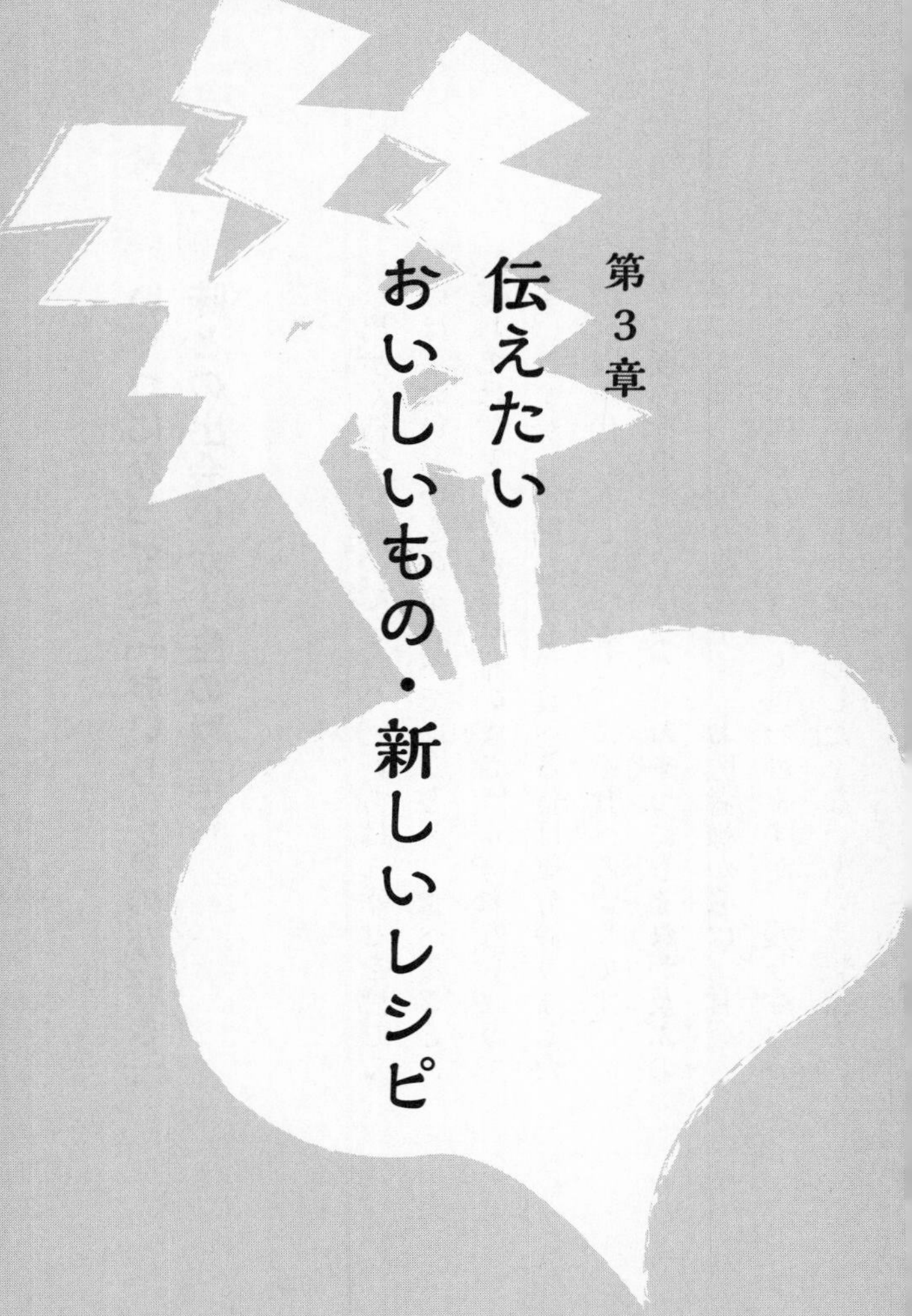

第3章

伝えたい おいしいもの・新しいレシピ

第3章

いくつになっても「おいしいものが好き」。味との出会いが人生の財産に

出歩く機会が減ってきた今、いちばん幸せを感じるのは、おいしいものを食べているとき。食べることに関しては、どうも私は「程のよさ」が守れないようです。さすがに年齢とともに食べる量は幾分減りましたが、同年代の人と比べると、よく食べるようです。

三度の食事だけではなく、おやつにもそれが及ぶので、ちょっと太り気味です。お医者様からは、甘いものを食べ過ぎないようにと言われますが、残り少ない人生、おいしいものを我慢したくないという気持ちの

ほうが勝ってしまいます。

家事評論家としての仕事のなかでも、食に関することが大きな割合を占めていたのは、やはり「食べるのが好き」「料理が好き」だったからでしょう。料理番組の台本を書いたり司会をしたりするため、料理人や料理研究家の方々と直接お話しできたのも、今思えば大きな財産となっています。

「これはおいしい」と思ったものは、家庭でも簡単に作れるよう、私なりにアレンジを加えました。また、仕事と家庭を両立させるため、できるだけ効率的な料理も、自分なりに工夫してきました。そのなかから、次代に伝えたい懐かしい味や、忙しい生活を助けてくれる簡単レシピ、季節感を演出できる料理などをご紹介したいと思います。

ヒント

36

ときどき恋しくなる「あの店のあれ」

仕事をするなかで、日本各地の素晴らしい郷土料理や、すぐれた料理人や職人の方が生み出す味に出会ってきました。好きなものはたくさんありますが、今パッと思いつく「あの店のあれ」を書きとめてみました。

大阪鮓《すし》で有名な東京・四谷「八竹《はちく》」の京風上ちらし、穴子入胡瓜巻、京都「はれま」のチリメン山椒、愛媛・宇和島「野中かまぼこ店」のじゃこ天〈手押してんぷら〉、東京・阿佐ヶ谷「うさぎや」の赤飯、神奈川・小田原「とうふ工房　下田豆腐店」のぎんなん入りがんも、東京・日本橋「たいめいけん」のマッシュポテト、「弁松総本店」のお弁当、（とくにおかずに入っている、つと麩の甘煮が好物）、福井・小浜「かぎ孫　津田孫兵衛」の〈若狭かれい　一夜干し〉。

甘いものやおせんべいにも目がありません。好きな和菓子はいろいろありますが、東京・神保町「御菓子処　さゝま」の紫陽花《あじさい》、京都「麩嘉《ふうか》　錦店」の麩饅頭、愛媛・松山「山田屋」の山田屋まんじゅう、名水しるこ〈きら〉、京都「紫野　和久傳」の西湖《せいこ》（れんこん菓子）などが、とくにお気に入りです。

ヒント

37

季節感が味わえる、味つけごはんのバリエーション

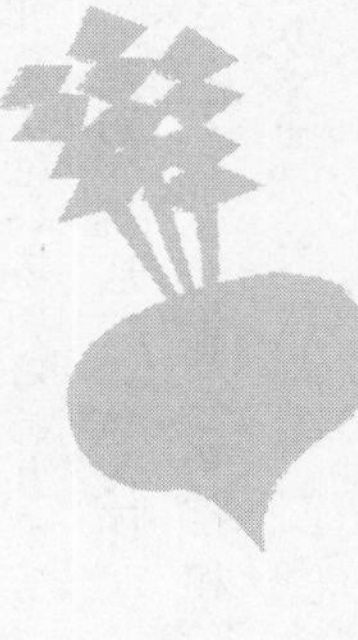

まぜごはん、炊き込みごはん、ばらずしなど、きりがないほどいろいろなものが作れるのが味つけごはん。

旅先で教えていただき、「こんな食べ方もおいしいかも」と新しいレシピがどんどん増えていく一方、長年作り続けてきた間に、具の種類も、お酢の割合も、いつの間にか自分流になっていきました。

味つけごはんを炊くときは、具にもよりますが、塩少々、あるいは醤油を加えて炊き、味のおぎないのために、だいたいお米二カップに、大さじ二杯くらいの見当でお酒を加えます。昆布があれば、上に昆布を浮かせて一緒に炊きます。菜めしなど色の鮮やかさを楽しむごはんには、醤油は使いません。

季節感が味わえるごはんは、旬のおかずを添えれば、おもてなしのごちそうになります。一方で、お味噌汁を添えただけでも満足できるので、忙しいときの〝普段着〟の食事としても活躍します。

ヒント

38

手作りの「合わせ酢」は経済的でおいしい

最近はあらかじめさまざまな調味料を合わせた酢も売っていますが、自家製で作って保存しておくと経済的だし、自分の好みの味になります。使う酢は、米酢や果実酢など。柚子やだいだいなどの生の柑橘果物の果汁でも作れます。

酢と醤油で作るのが「二杯酢」。割合は酢一、醤油一で、色を濃くしたくないときは薄口醤油か白醤油、または醤油の量を減らしてそのぶん、塩を入れます。鍋で煮立ててから冷まし、冷蔵庫で保存します。「二杯酢」は貝の酢の物、蟹を食べるときなどに向きます。

「三杯酢」は「二杯酢」に砂糖か煮切りみりんで甘みを加えたもの。酢、醤油、煮切りみりんは同量が基本。砂糖を使う場合はみりんの三分の一で同じ甘みになります。「三杯酢」は、鰺《あじ》ときゅうりの酢の物、きゅうりもみなどに向きます。

こういう合わせ酢に、ゴマ、卵黄、ダシ汁などを加えると、さまざまな合わせ酢を作ることができます。

ヒント

39

ひとり暮らしでも新キャベツを丸ごと買ってしまうわけ

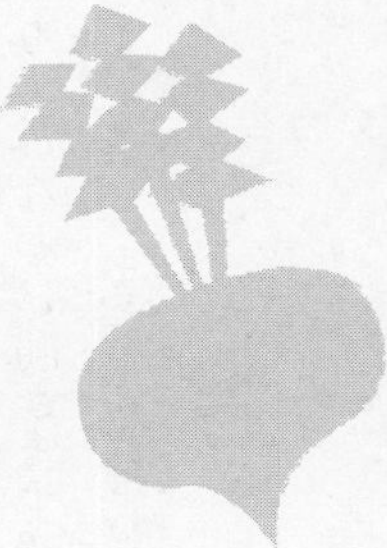

新キャベツの季節になると、ひとり暮らしで一個は多過ぎると思いながらも、ついつい買ってしまいます。なんとか新鮮なうちに食べ切ろうと、ずいぶんいろいろな料理を考えましたが、買った日に作りたくなるのがこの「新キャベツと鶏肉の煮込み」。

キャベツを四分の一個分くらいザクザクせん切りにして、玉ねぎのみじん切り大さじ一杯分とともに、大さじ二杯くらいのバターかオリーブオイルで炒めます。これに三カップのお湯と、骨つきの鶏肉二〇〇グラムを加えて、塩少々で味をつけコトコト四〇〜五〇分煮込むだけ。キャベツがとろけてきて、鶏肉も、ぽろっと骨からはがれるほどやわらかくなったところで、味を調えてからコショウを加えてできあがり。いいソーセージが手に入ったときは、鶏肉の代わりにソーセージを使ってもおいしいものです。その際は好みで、火からおろす直前にレモン汁を少し加えると、爽やかな風味を楽しめます。

ヒント 40

人に教わる味も家庭料理を豊かにしてくれる

「春キャベツたっぷりのパスタ」はお友だちの家でごちそうになり、すっかり気に入ってうちでも作るようになった料理です。

作り方は簡単。パスタがゆで上がる直前に、鍋にザクザク切った新キャベツをたっぷり入れます。

フライパンに多めのオリーブオイルを入れ、アンチョビーとみじん切りのニンニク、赤トウガラシを加えて煮立て、ゆで上がったパスタとキャベツを入れて混ぜ合わせるだけ。

お友だちの家では、このパスタに、塩ゆでのそら豆、グリーンアスパラのサラダ、合鴨の燻製のうす切りやチーズが食卓に並び、みんなで白ワインをいただきながら、大きな窓の外に見える満開の桜を楽しみました。

パーティーの一品として登場した味ですが、簡単に作れるので、新キャベツの季節のひとりごはんとして活躍しています。

ヒント

41

春になると食べたくなる菜めし

春になると、みずみずしい緑色がパッと目に飛び込んでくる「菜めし」が食べたくなります。

使う菜っ葉は、大根の葉、かぶの葉、菜の花、セリなど。庭の片隅に生えているハコベやナズナ、ヨメナだって、立派な菜めしの材料になります。セリのように灰汁が強かったり、やや硬い葉は、さっとゆでてから刻んでおいて。やわらかい葉ものなら塩もみして細かく切って絞り、炊き上がりのごはんに混ぜます。ごはんは酒、塩を少々加え、ダシ昆布を五センチほどに切って浮かべて炊きましょう。

大根葉を使う場合は、青い葉だけを茎からしごき取り、塩を入れた熱湯でさっとゆがいて水気をとり、細かく刻んでおきます。炊き上がったごはんにさっくり混ぜると、美しい色が食欲をそそります。

最後に白の切りゴマをふると、ぐっと引き立ちます。

ヒント

42

季節感を味わいたい春のごちそうサラダ

筍《たけのこ》の季節になると、筍ごはん、若竹汁、筍とふきと生タラコの炊き合わせなど、いろいろな料理を作りたくなります。

でも和風だけではなく、ちょっと違ういただき方がないかと考えて思いついたのが、春のごちそうサラダ。筍、ふき、そら豆、グリーンアスパラに、彩りに縦に切ったイチゴを盛り合わせ、パセリのみじん切りを混ぜたマヨネーズソースを添えた一品です。

筍はやわらかい頭のほうだけをうす切りにして、酢を三分の一ほど加えた熱湯でゆで、他の野菜は青々と塩ゆでに。大きなガラスの器にサラダ菜などを敷いて盛りつけると、季節感あふれる、ちょっと豪華なおもてなしサラダに。

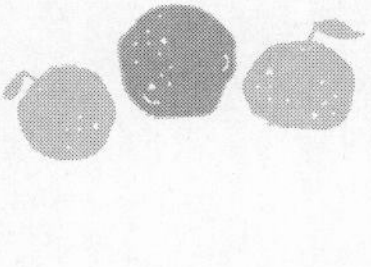

ヒント

43

豆ごはん、色か香りか

「グリーンピースごはん」は、色の鮮やかさを重視するか、味と香りを重視するか、悩むところ。塩ゆでしたグリーンピースを炊いたごはんに混ぜると、緑色が美しく仕上がりますが、わたしは断然「味と香り重視派」です。以前、「色重視派」の友人と意見が分かれ、「でもね、香りはどうしてくれるの?」と口ごたえしたことがあるほど。

色は悪くなりますが、生の状態で最初から一緒に炊き込んだほうが、グリーンピースの風味がごはんに移り、なんともおいしいのです。水加減をしたお米の上に、お米の量の四分一見当で、グリーンピースを加えて炊きます。お豆に水気が含まれているので、水加減は考えなくても大丈夫。お酒、塩、風味づけにほんのちょっとお醬油を入れて。さや入りのグリーンピースを売っている季節ならではの味わいです。

ヒント

44

グリーンピースの最盛期には煮びたしにして、お茶漬けのように

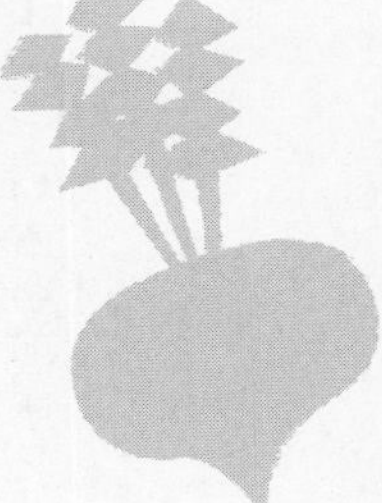

五月は露地物のグリーンピースの最盛期で、やわらかい豆は、ごはんにいっぱい入れて炊き込んだり、煮たり、たくさん食べられる季節。私はさやつきのものを買い、家でさやを外し、すぐに煮びたしにして食べたくなります。

ダシの味つけは、お吸い物よりちょっと濃いめで少し塩をきかせて。香りづけに酒と醤油を落とした煮汁を煮立て、生のグリーンピースを入れてやわらかくなるまで煮ます。

お椀などに豆をいっぱいよそい入れ、ひたひたに汁を張って、お茶漬けでも食べるように、サラサラといただく。「グリーンピースの煮びたし」はこの季節ならではの楽しみです。

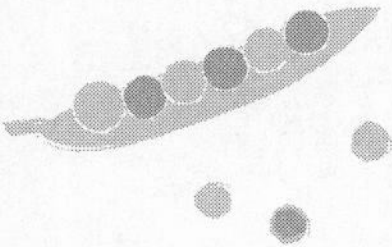

ヒント

45

新玉ねぎの爽やかさを丸ごと味わう

「新玉ねぎの丸ごと煮」は、シンプルでおいしい料理です。

玉ねぎは一年中出回っていますが、春から初夏にかけて出る新玉ねぎは、みずみずしくて独得の爽やかさがあり、甘さもひとしおです。

毎年、新玉ねぎが出ると必ず作るのが、この料理。昆布と鰹節《かつおぶし》のダシに、薄口醤油とみりん少々で味をつけ、表皮一枚はいだ玉ねぎを丸のまま、汁だくさんでコトコト煮込みます。竹串を刺してみて、いい手ごたえだと思えるところで、火を止めて。

なんといっても、煮えばながいちばんおいしいのです。たっぷりの汁と、一個丸ごとの新玉ねぎを器に盛り、まず一口汁を吸って風味を楽しんで。それから、箸で玉ねぎを崩しながら食べるのが醍醐味。和風の味つけに新玉ねぎの味や香りが加わって、なんとも言えないおいしさです。シンプルで簡単だけど、梅雨時にぜひ食べたくなる味です。

ヒント

46

実に適当。私流のホワイトソース

夫を見送ったあと、友人夫婦がヨーロッパ旅行に誘ってくれたことがあります。そのときにパリで食べた「新ジャガのグラタン」のおいしさが忘れられず、自分なりにアレンジしてみました。新ジャガは五ミリほどの厚さのいちょう切りにし、サラダ油でちょっとこげ目がつくようにフライパンで焼き、やわらかくなったら、バターをひいたグラタン皿に並べます。これに少量のホワイトソースをのせ、溶けるタイプのチーズをたっぷりかけて、焼けばできあがり。ひとり暮らしなのでオーブンは使わず、オーブントースターで焼いています。

私のホワイトソースの作り方は、実に適当です。特徴は玉ねぎのみじん切りを入れること。ダマにならず失敗もありません。まずバターとサラダ油を半々に使い、玉ねぎのみじん切りを炒め、そこに小麦粉を入れて玉ねぎにからませ、牛乳を加えてとろ火でかき混ぜるだけ。薄く塩味をつけて、小分けして冷凍しておきます。ひとり暮らしだと、ホウレンソウを一束買うと食べ切れません。そんなときはゆでたホウレンソウをホワイトソースと混ぜて、器に入れてチーズをふりかけてオーブントースターで焼くだけで、あつあつのグラタンがいただけます。

ヒント

47

香り豊かな新ショウガのごはん、新ごぼうの鶏ごはん

「新ショウガのごはん」は、香りがなによりのごちそう。

初夏になり、新ショウガの季節が始まると、無性にショウガごはんが食べたくなります。針ショウガを酢の物や煮物などの天盛りに使うときは、刻んだあと、色が変わらないように水にさらしますが、ショウガごはんのときはさらしません。だから、ごはんが炊けるタイミングに合わせて刻みます。

わずかの塩とお酒を加えて炊いたごはんに、針ショウガをさっと混ぜると、いい香りがパッと立ちます。それだけで、食欲がわきます。

さらに初夏の一品として、新ごぼうが出回る季節にぜひ作りたいのが、「鶏ごはん」。

新ごぼうの細いささがきと鶏のひき肉を炒《い》って、醤油とわずかなみりんで味つけをし、蒸らす前の炊き上がったばかりのごはんの上にのせます。充分蒸れた頃あいを見計らって、ごはんと具を混ぜると、新ごぼうの高い香りがふわ～っと立ち上り、食欲をそそります。

ヒント

48

ベーコンのあぶらは捨てずに トマトを焼いてもう一品

最近は一年中トマトがありますが、夏はとくにおいしく感じられます。

生で食べるのはもちろん、熱を通すと、また別の味わいが。私は、ベーコンエッグなどを作ってフライパンにベーコンのあぶらが残った場合、そのあぶらを利用して輪切りのトマトを焼きます。熱を通したことでうまみと甘みが出て、ほどよくベーコンの香りを含んだトマトの味は格別。

ベーコンのあぶらを鍋に移して、トマトだけではなくキャベツ、ナス、ピーマンなど他の夏野菜も加えて炒め、コンソメキューブと水を加えてグツグツ煮込み、スープとも野菜の煮物ともつかないものを作ることも。

水気を少なめにするとラタトゥイユのようになりますが、これがパンのおかずになかなかよいのです。

味つけは、塩、コショウだけであっさり作ったほうが、おいしいようです。

ヒント

49

梅干しを使うと
サッパリしたお惣菜になる

毎年、梅干しのできる季節になると、北海道に父の生家があり、親類から梅干しが届きます。すると、「あぁ、夏の盛りに入った」と思い、夏に食べたい梅干しを使ったお惣菜を書きだします。この歳になると前の夏になにを食べたか失念しがちなので、季節感を忘れないためにもメモするのです。

たとえばイキのいい鰯《いわし》が手に入ったら、頭とワタをとって酢洗いした鰯を、梅干しと酒だけでゆっくりと煮上げる「鰯の梅煮」。あるいは、みじんに刻んだカリカリ梅を炊き上がりのごはんに混ぜた「梅ごはん」。うす切りのゆで豚を冷やして梅ソースで食べる「冷しゃぶ」などなど。梅干しを使った酸味のあるサッパリ味の料理をいただくと、暑い日もスッキリした気分になります。

ちなみにゆで豚が余ったら、細かく刻んできゅうりのせん切りとともにゴマ酢で和えると、使い回しができます。

ヒント 50

夏の定番、「私のひすいめし」

夏になり、枝豆の旬になると食べたくなるのが「私のひすいめし」。枝豆はやや硬めにゆでて、ざっと水をかけてゆだりを止めて、豆をはじき出しておきます。

お酒と塩を少し入れ、昆布を浮かして炊き上げたごはんの蒸らしぎわに、この枝豆をパッと入れ、数分してからごはんを混ぜます。枝豆の量は、あまり多過ぎると奥ゆかしくないので、せいぜいお米の四分の一どまりでしょうか。鮮やかな緑色が爽やかで、思わず食が進むこのごはん。

茶碗に盛って、さぁ食べようと思って美しさに見入っていたら、枝豆の色といい形といい、私が持っているあまり上等ではない翡翠《ひすい》にそっくり。それから、枝豆ごはんを「私のひすいめし」と呼ぶようになりました。

ヒント

51

本当の「おひたし」を作ってみませんか？

ホウレンソウや春菊などをゆでたものに、鰹節と醬油をかけたものを「おひたし」と思っている方も多いようです。

本来おひたしとは、ダシに醬油や煮切り酒を加えたものに、ゆでこぼした青菜などを「浸した」料理。ダシ汁を含んだ青菜のそこはかとなく豊かな味わいは、他にはないものがあります。

コツは葉野菜をゆでるときの、水加減と火加減。大きめのお鍋にたっぷりお湯を沸かして、強火でさっとゆでるのが肝要です。ゆで上がったら、ザルに広げてうちわであおぐか、いったん冷水に放ってザルにあげて水気をキュッと切ります。そして食べやすい大きさに切り、好みの味つけをしたダシに三〇分ほど浸しておきます。

生では量が食べられなくても、さっとゆでた葉野菜はたっぷり食べられます。たまにはひと手間かけて、「浸す」おひたしを作ってみませんか。

ヒント

52

手の力が弱くなってからはフードプロセッサーで白和え作り

「白和え」は、私の大好物。季節ごとに材料を変えていただくのが、何よりのごちそう。

とくに「柿とこんにゃくの白和え」は秋になると必ず食べたくなります。

まず、柿をせん切りに、こんにゃくは細く切ってさっと湯通しをしておきます。和え衣は、水切りした豆腐、あたりゴマ、塩、砂糖、白味噌などを好みの味つけで。

歳をとって手の力も弱ってきたので、今の私にはゴマをすり鉢ですることができません。そこで湯通ししたお豆腐とゴマをフードプロセッサーでペースト状にしたところ、とてもなめらかで、それまでとは違う食感を楽しむことができました。

「菊と梨の白和え」もしみじみとしたおいしさ。ときには白和えの衣にちょっとスダチの搾り汁を加えて、味を変えるのも楽しみのひとつです。

ヒント

53

適当に切って煮るだけ。
「煮リンゴ」のデザート

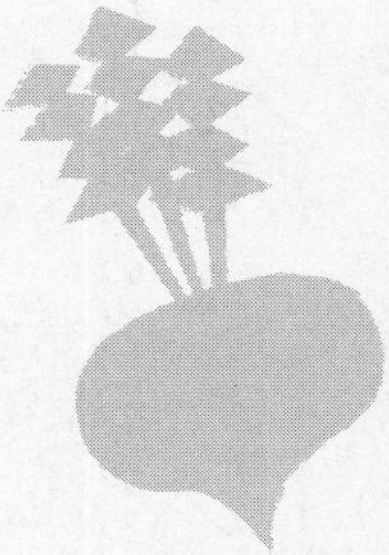

「煮リンゴ」と「リンゴジャム」の違いは、煮リンゴはジャムほどたくさん砂糖を使わないこと。

使うリンゴの種類は、なんでもかまいません。適当な大きさに切ったリンゴを鍋に入れ、ひたひたに水を加え、砂糖の量は好みで。私は、砂糖はほんの少しにし、ハチミツとレモン汁を少し加えて煮るのが好みです。

控えめな甘さなので飽きないし、トーストに山盛りたっぷりのせて食べてもカロリーを気にしなくてすみます。

スイーツとして楽しむときは、アイスクリームを添えて、パラパラとシナモンを振り、ミントの葉を添えるとおしゃれです。ちなみにリンゴとさつまいもを同じくらいの大きさに切って煮て、最後にハチミツで味つけしたものも、おいしいデザートになります。

ヒント

54

きんぴらごぼう、我が家流

きんぴらごぼうのような定番の家庭料理は、それぞれのご家庭で〝我が家流〟の作り方や味つけがあると思います。

私のきんぴらごぼうは、若いときはやや太めのせん切りにしていましたが、歳とともに細めを好むようになりました。

まず五センチほどのたんざく切りにしてから、やや斜めに包丁を入れてせん切りにします。そのたんざく切りも、年齢とともに薄くなっていきました。切るそばから水に入れ、切り終わったところですぐザルにあげて、炒め始めます。

長時間水にさらしておくと、せっかくの香りが抜けてしまうのでご注意を。炒め油はサラダ油でかまいませんが、ゴマ油を少し加えると香ばしくなります。味つけは、みりんと醬油。私はお砂糖を使いませんが、甘めの味が好きな方もいるようです。

コツはごぼうの歯触りが残るよう、一気に炒め上げること。仕上げにたっぷりの白の切りゴマと一味唐辛子をふります。

ヒント

55

寒い朝は
ミルクがゆで
体を温めて

寒い季節になると、私は前日に余ったごはんを使ってミルクがゆをよく作ります。

鍋にごはんと熱湯を入れて、火にかけて白がゆ状態にし、牛乳を加え、冬の間いつも冷蔵庫に用意してあるふかしたさつまいも、青菜、わかめ、にんじん、きのこなど、有り合わせのものをたっぷり入れ、最後に卵を落とすとできあがり。味つけは塩だけですが、粉チーズをかけて食べることもあります。

あつあつをお椀に盛り、ふーふー言いながら食べると、身体の内側から温まります。ひじきと豆の煮たものや、切り干し大根と油揚げの煮物など、作り置きのおかずを添えれば、栄養のバランスもとれます。朝、しっかり食べておくと、一日中元気でいられる気がします。

ヒント

56

「ひとり用の土鍋」料理は、作るのも食べるのも楽

私はカボチャの味噌汁が好きで、冬になるとよく作りますが、ちょっと多めに作っておき、翌朝「カボチャの鶏肉団子うどん」にしていただきます。

ひとり用の土鍋に味噌汁を入れ、油揚げや青菜、ねぎ、鶏肉団子など有り合わせのものを加え、ゆでたうどんを煮て卵を落として鍋焼きうどん風にすると、寒い朝の食事にぴったり。

一品ですんでしまうので、作るのも食べるのも楽です。

油揚げは熱湯をかけて油抜きして刻んでから、一回分くらいずつ分けて冷凍。

鶏肉団子も作ってゆでてから冷凍しておくとすぐに使えるし、いろいろな料理に使えるので便利です。

ヒント

57

柚子は、絶対に欠かせない冬の香り

十二月といえば、まっさきにあげたい食材は大根と柚子。

今では一年中大根がありますが、甘みのある冬の大根は、「旬の味」にふさわしいおいしさ。それに合わせたように、柚子が出回ります。

いちばん手軽に柚子と大根を味わうなら、大根は生のまま二センチくらいの厚さのいちょう切りかさいの目切りにし、醤油に漬けます。といっても、たっぷり醤油をかける、といった程度で、上下に器をゆすって平均的に醤油がまわれば、それで大丈夫。

この中に、柚子の皮のせん切りと、柚子の実を包丁でたたいたものを加え、ざっくり混ぜます。

一時間ほどで、おいしい「柚子大根」のできあがり。

ヒント

58

ワインに合う「牡蠣の変わりバター焼き」

「牡蠣《かき》の変わりバター焼き」は牡蠣をお酒と醬油に漬けておき、食卓にすき焼き鍋などを出して、野菜とともにバターで焼きながらいただく和洋折衷料理です。使う野菜は、春菊、ねぎ、にんじんなど。ねぎは大きめに、にんじんは幅広いうす切りにします。牡蠣は塩水で振り洗いしてから、同量の酒と醬油を合わせた漬け汁に一時間ほど漬けておきます。

バターを溶かしたところに野菜や牡蠣を入れ、さっと火が通ったところで、だいだいなど柑橘を搾ってふりかけていただきます。

バターのカロリーを気にする方もいるかと思いますが、このおいしさを前にすると、ダイエット心も吹き飛んでしまいます。

日本酒にもワインにも合う料理です。

ヒント

59

「大根そば」は
せん切り大根が主役

「大根そば」は、近所の中国料理店で覚えた味。

鶏がらスープの素に、水に戻した干し貝柱と干し椎茸、昆布などを入れてスープを作り、醤油で味つけします。

そこに、せん切りの大根をたっぷり入れて、煮ておきます。中華麺は熱湯にくぐらせてから、大根を入れた鍋に入れ、ほどよい硬さになるまで火を入れるだけ。

麺は生麺でもいいし、即席麺でもかまいません。

私は生麺を冷凍しておいたものをよく使います。

土鍋で作ってそのまま出すと、冬のおもてなしの「シメ」にもぴったりです。

ヒント

60

おかわり必至、牡蠣ごはん

最近はきれいに下処理をした牡蠣もあるようですが、おいしく仕上げるには、大根おろしを使った下処理がおすすめ。ボウルに牡蠣と大根おろしを入れ、全体になじむよう、やさしく混ぜます。

こうすると牡蠣の汚れが落ちるだけではなく、生臭さも消えます。大根おろしが灰色になってきたら牡蠣を取りだし、細い流水でそっと洗います。下処理が終わった牡蠣は、酒と醬油でさっと煎り煮にし、汁をこして、ごはんを炊くときに汁を一緒に入れます。好みで醬油を少し足して。炊き上がる直前に牡蠣を入れて、薬味と一番ダシをたっぷりかけていただきます。

おいしいので、私はつい、二、三杯食べてしまいます。

ヒント

61

アレンジ自在、「常備菜」と「箸休め」

節分で豆まきに使った豆は、みなさんどうしていますか？

私は醤油豆にして、再利用しています。酒と醤油を半々に混ぜて煮立てた中に豆をジュッと漬け込むと、「即席の醤油豆」のできあがり。けっこう長持ちするので、好みで七味唐辛子を加えたり、細く切った昆布を混ぜたりして漬け込んでおくと、ちょっとした箸休めや、酒の肴に重宝します。

また、豆まき用の豆をささがきごぼうやにんじんのせん切りと一緒にゴマ油で炒め、ダシで少しゆるめた味噌を豆や野菜にからめ、砂糖、切りゴマ、一味唐辛子粉など、好みの味で練り上げたものも、常備菜として役立ちます。

冬に活躍する大根の葉も捨てずに味わいます。

「大根の葉のちょいおかず」は、大根の葉を茎ごとゆでてから細かく刻み、細切《こまぎ》りの油揚げとともに油でさっと炒め、醤油と塩で味つけするだけ。箸休めの一品となります。

ヒント

62

絶品、セロリの葉の炒め物

セロリの葉は、捨ててしまう人も多いようですが、香りがいいのでぜひ料理に使ってみてください。おすすめは「セロリの葉と牛肉の炒め物」。

牛肉は細切りに。削《そ》ぎ取ったセロリの葉はみじん切りにし、牛肉と一緒にサラダ油で炒め、醤油と酒だけでうす味に仕上げます。炒め過ぎず、熱いうちに食べてください。好みでオイスターソースを少し加えてもいいかもしれません。

佃煮も、酒の肴やごはんのおかずに重宝します。セロリの葉は粗いみじん切りにし、醤油三対熱湯二、みりんか酒一の割合の煮汁を作っておきます。鍋に入れたセロリにこの煮汁をひたひたに加え、弱火で汁気がなくなるまで煮詰めます。好みで、種をとった赤トウガラシを加えてもいいでしょう。セロリの葉は、さっとゆでてから使ってもかまいません。

ヒント

63

酒糟は冬の体を温めてくれる

おいしい酒糟《さけかす》をいただくと、必ず「糟汁」を作ります。入れる具材は、塩鮭、大根、にんじん、里芋、ごぼう、生椎茸、なめこ、こんにゃく、油揚げ、長ねぎなど。

それぞれ少量ずつでいいので、冷蔵庫や台所に少しずつ残っている野菜の棚おろしにも役立ちます。

ちょっと多めに作り、火を入れ直せば二日間くらい楽しめます。野菜もたっぷりとることができ、身体の内側から温まるので、寒い季節にぴったり。糟が入るからごはんを食べなくてもすみます。

余った酒糟には、魚の切り身を漬け込んだり、甘酒にしていただきますが、さらに使い切れなかったものは小分けして冷凍保存しています。

ヒント

64

賢く残り物をまとめて、その名も「片づけチヂミ」

これも残った野菜などを使った一品で、私は「残りものの片づけチヂミ」と呼んでいます。

朝食で余った高菜漬け、きんぴらごぼう、冷凍庫にあったサクラエビ、傷みかけたショウガをせん切りにして佃煮風に煮たものなど、少しずつ残っていたバラバラの材料を、粉かつおをふって、卵やゴマ油を加えた小麦粉の衣に入れ、中火でゆっくり焼き、薄いお好み焼きのようなものを作ります。

「わざわざ」入れたいのは、ねぎ。万能ねぎを切ったものや、長ねぎのせん切りなどなんでもいいので、ねぎは加えたほうがおいしく仕上がります。レモンじょうゆでいただくと、サッパリした味に。

冷蔵庫に入れておけば数日はもつので、食べるときにもう一度オーブントースターで端がカリッとするくらい焼いて食べます。切り分けて、サニーレタスなどを巻いて食べてもおいしいものです。

ヒント

65

余った煮汁でうの花作り

みなさんは、すき焼きの煮汁が余ったとき、どうしていますか？

せっかく肉や野菜の味が出ているのですから、捨ててしまうのはもったいない。すき焼きの日にはうの花（おから）も買っておき、翌日、余った煮汁でおからを炒ると、こっくりとした味のとてもおいしいうの花ができあがります。

煮魚の煮汁が余ったときも、うの花を。細切りにした油揚げやささがきごぼう、にんじんのせん切り、きくらげのせん切りなどを一緒に炒ると、「五目うの花」が作れます。煮魚の煮汁は、ごぼうを煮てもおいしいもの。

余りもので箸休めの一品が生まれます。

ヒント

66

プロに教わったガーリックバター、重宝します

テレビで料理番組が放送され始めた頃、料理番組の台本を書いたり、司会をしたりしていたおかげで、いろいろな料理人の方にお会いしました。なかでもお世話になったのが、創業100年を超える老舗西洋料理の店、小川軒のご主人・小川順さん。テレビで紹介する料理の相談をしたり、料理の試食をさせてもらったりしていました。

そのとき教えていただいたのが、ガーリックバターです。バターは常温で扱いやすくしておき、バターの四分の一程度のニンニクのすりおろしと、パセリのみじん切りを少し練り込み、ラップに包んでバナナくらいの棒状にして冷蔵か冷凍保存しておきます。

必要に応じて切り分けて使いますが、ステーキのソース代わりにしてもおいしいし、フランスパンでガーリックトーストを作ったり、ゆでたてのパスタにからめて粉チーズをかけていただいたり、使い道はいろいろ。作っておくと重宝します。

ヒント

67

私の定番、鉄火味噌。忙しいときも便利

私の定番の常備菜は鉄火味噌。

私風の作り方は、みじん切りにしたごぼう、にんじん、れんこんなど、たっぷり根菜を使うのが特徴です。材料の割合は、そのときどきで有り合わせのものを使うので、とくに決まりはありません。逆にいうと、余った野菜の活用法ともいえるのです。

コツは野菜の総量と味噌を同量にすること。ゴマ油で野菜類を気長によく炒めてから味噌を入れ、またしっかりと熱を加え、砂糖とみりんで好みの味に仕上げます。最後にショウガの搾り汁と、煎った白ゴマを加えてできあがり。

冷蔵庫で保存すると、ずいぶん長持ちします。ちょっと一口、ごはんのおかずにしてもいいし、おむすびの具にしてもなかなかの味。蒸した鶏肉や豚肉、蒸し野菜などの味つけにも使えます。

ヒント

68

フレッシュから保存用まで
ジャムは何段階か作る

イチゴのジャムは、甘みを加減して何種類か作っておくのも楽しみです。まず、フレッシュジャム。洗って冷やしておいたイチゴをうす切りにして、グラニュー糖かきび糖を好きなだけまぶし、マラスキーノやオレンジキュラソーなど香りの高い洋酒を少しふりかけて混ぜ合わせておきます。パンはもちろん、パンケーキやアイスクリームにも合います。

次に当座用として、ごく甘みの少ないジャム。イチゴの目方の三分の一の白砂糖をふりかけ、水が出てきたら火にかけ三〇分くらい中火で煮ます。最後にレモン汁を搾ってできあがり。カビが生えやすいので冷蔵庫に保存し、できるだけ早く食べましょう。

長期保存するなら、イチゴと砂糖の目方を同量に。まず砂糖を半分だけイチゴにまぶし、水が出たら火にかけます。最初はやや強火で、煮立ってきたら火を弱め、残りの砂糖を加えてとろ火でじっくり煮詰めます。灰汁は丁寧にとるのがコツ。あめ状になったら煮過ぎなので、その手前でレモン汁を加えて火を止めましょう。

ヒント

69

冷凍「炒め玉ねぎ」で料理の味が格段に変わる

じっくり炒めた玉ねぎは風味が高く、料理にうまみと香りをプラスしてくれる調味料の役割もします。

ただ、料理のたびに炒め玉ねぎを作るのは、なかなか面倒なもの。いっぺんにたくさん作って、小分けして冷凍しておくと便利です。

みじん切りかうす切りにした玉ねぎは、とろ火にかけて、二〇～三〇分くらいオリーブオイルで炒めます。バターで炒めるよりサッパリしているので、いろいろな料理に使い勝手がいいのです。たとえばポテトコロッケや肉団子、シチューやカレーを作るときにも、解凍してちょっと加えるだけで味が格段に変わります。

ブイヨンを加えて器に入れ、カリカリに焼いたフランスパンとチーズをのせてオーブンで温めたら、あつあつのオニオングラタンスープがあっという間にできあがります。

ヒント

70

ショウガを使って白玉を大人のデザートに

昔は子どものおやつに、母と子で白玉だんごを作るご家庭が多かったものです。最近は作る家が減っているようですが、甘味屋さんで白玉入りのぜんざいを食べて、子ども時代を懐かしむ方も多いのではないでしょうか。

いつだったか、親類の子どもが遊びに来たとき、あいにくお菓子を切らしていたので白玉だんごを作って、白蜜をかけて食べさせたら、「ママ、僕これ好き。なんでおうちで作らないの？」と、おかわりをしてくれました。その子の母親は、「大人向きにはこれがいいわ」と、白蜜にショウガの搾り汁を加えました。なるほど、つるんとして喉ごしもいいし、サッパリしておいしいのです。これに氷出し緑茶でも添えたら、夏の素敵なおもてなしになります。

ちなみに白蜜は、一キロのグラニュー糖に二カップの水を加えて煮立て、少し煮詰めたもの。和え物やアイスコーヒー、アイスティーの甘味に便利なので、一年中作り置きしています。

ヒント

71

切り落としカステラのおしゃれプディング

〝お得〟感のある切り落としカステラですが、ひと手間かけると、とてもおしゃれなスイーツに変身します。

切り落としを、甘みを抑えたカスタードプディングの材料に浸して、プディングの型に入れてオーブンで焼くだけ。オーブントースターでも簡単に焼けます。分量の目安は、牛乳二カップに卵三個、砂糖大さじ三杯。人肌くらいに温めた牛乳に卵、砂糖を入れて混ぜ合わせ、内側にバターを塗った型に入れ、適当な大きさに切ったカステラを入れます。

自分で食べるときはそのままでよいのですが、お客様が来たときは温かいうちにアプリコットソースをかけて。アプリコットソースは、アプリコットのジャムを、ブランデーやラム酒、マラスキーノなど香りのよい洋酒でゆるめるだけ。少し温めてアルコールを飛ばすと、食べやすくなります。

第４章 楽しくほがらかに生きるには

生きていることが楽しくなる秘訣があります

私はあまり大きな目標を持たずに生きてきた分、小さなことですぐ「しあわせ気分」になります。だからといって、大変な時期がなかったわけではありません。満州事変が起きたのが13歳のとき。27歳で終戦を迎えたので、戦争のただなかに青春を送ったことになります。戦争で婚約者も亡くしました。

大変なことも多い人生でしたが、「大変」だと思うと、人はそこで立ち止まってしまい、前に進めなくなります。だからとにかく目の前のことを一所懸命片づけて、あとは笑って過ごしているうちに、100年という年月が経ってしまいました。

幸せも不幸も、自分の心が作るもの。「嘆きグセ」「不満グセ」がついてしまい、思考がネガティブな方向に行ってしまうと、人は幸せになれません。

嘆きや不満ばかりこぼす癖がついてしまうと、つい愚痴をこぼしたくなります。そんなとき、人は口がへの字になっており、いわゆる「福相」からは、かけはなれています。すると当然、「福」も逃げていくのではないでしょうか。

毎日の暮らしのなかで、いかに楽しいこと、小さな幸せを見つけるか。私なりに見つけたコツを、ご紹介します。

ヒント

72

あまり大きな望みを持たず目の前のことを全力で

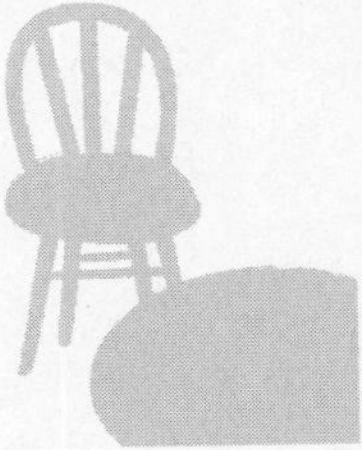

30代の半ば頃、知人の結婚式に招かれた際、新郎の恩師である児童文学者の坪田譲治先生が祝辞で「望みは小さく持ったほうがいい」とおっしゃいました。お祝いの席ではふつう、「大きな望みを持って羽ばたけ」と言いそうなものですが、逆のことをおっしゃったのです。

大きな望みを持つと、もしかしたら途中で挫折し、敗北感に打ちのめされるかもしれません。しかし、自分の足で確実に登ることができる山なら、頂上に辿りついたときの達成感も得られるし、この経験をもとに次はもう少し高い山にチャレンジしてみようと、新たな計画を立てられます。そうとらえた私は、それからはやみくもに大きな望みを抱かず、身の丈に合った目標を立て、一つひとつ丁寧に取り組むようにしました。

おかげで小さな幸せに気づけるようになり、日々を楽しく生きられるようになりました。目の前の小さな目標に真摯に取り組めばいい。その連続が生きることなのでしょう。私が100歳でも仕事をしていられるのは、坪田先生の言葉と出会ったおかげかもしれません。

ヒント

73

美しいものはどんな小さなものでも見逃さない

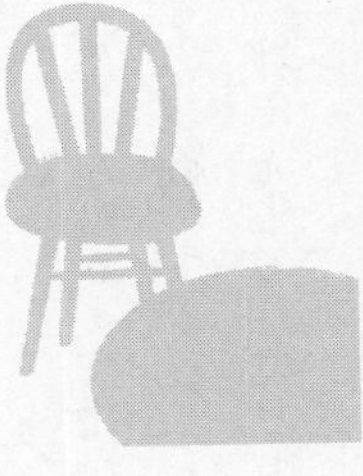

亡き夫から言われた言葉で忘れられないのが、「美しいものは、どんな小さなものでも決して見逃すな」。

ともすれば踏みつけてしまいそうな雑草の花も、たしかによくよく見るととても美しいし、たくましいのです。小さなものの美しさに気づいた私は、家のあちこちに虫めがねを置くようになり、散歩に出かけるときもポケットに虫めがねをしのばせるようになりました。するとそれまでは見落としていたものがどんどん目に入り、いろいろな発見があり、楽しくて仕方ありません。そのうち双眼鏡も買い、庭に来る小鳥を見るようになりました。

おかげで90を過ぎて出歩くのが難しくなっても、庭の小さな草や虫などを見て、楽しい時間を過ごしています。

ヒント

74

イヤなことは忘れる訓練をする

100年も生きていれば、当然ですが、いいこともあれば、悪いこともありました。幼い頃に両親が離婚し、心満たされない子ども時代を過ごしましたし、戦争で婚約者を失いました。かなり気難しいところのある夫にも仕え、自宅で姑の介護も経験しています。

しかし私は、イヤなこと、つらかったことは忘れるようにしています。もう少し正確に言うと、忘れる訓練をしたのです。そうでないと、自分が救われないからです。誰の心のなかにも、つらい思い出やイヤな記憶はあるはずです。でも、ことさらそれを取り出して、「私はこんな目にあった」などと負の感情を反芻《はんすう》しても、もやもやとしたイヤな気持ちが蘇るだけで、いいことなんかまったくありません。

イヤなことを忘れるというのは、訓練によってけっこう習慣になるものです。私がこの歳でも日々楽しく、幸せに生きていけるのは、この訓練のたまものかもしれません。

ヒント

75

歳を重ねた分「いい思い出が増えていく」と考える

私は、イヤなことは忘れる代わりに、いい思い出や楽しい思い出は大事にしてきました。

たとえどんなにささやかなことであっても、うれしいこと、幸せだなと感じた瞬間の気持ちは、忘れないようにエッセイなどを書くようにもしてきました。

すると年齢を重ねれば重ねるほど、いい思い出の量だけがどんどん増えていきます。

だから私は今も、毎日が楽しいのです。体が動かなくなっても、体調が悪くても、いい思い出と、訪れてくれる友人、支えてくれる身内や知人がいたら、前向きな気持ちでいられます。

私はなんと幸せなんだろうと思います。

ヒント

76

明るく生きるには欲張らないことが大切

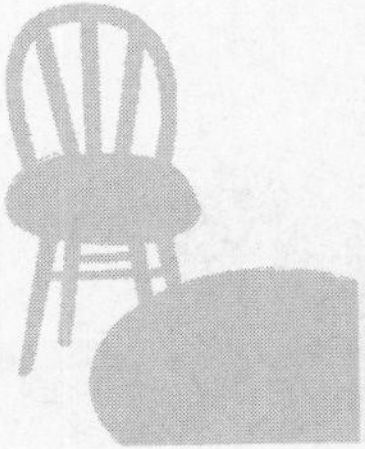

しかめっ面で過ごしても人生、笑って過ごしても人生。だったら、笑って過ごしたほうがいい。私はずっと、そう思って生きてきました。あれこれ悩むのと、明るく生きるのと、どちらが幸せになれるのか。言い換えると、どちらが人生にとって得か。そう考えて、私は自分にとって得なほうを選んだのです。

そして、「明るく前向きに生きよう」と自分に言い聞かせ、自分でそういうふうに仕向けてきました。明るく生きるには、欲張らないことです。足ることを知れば、そうそうつらくはなりません。

私は、なにもいらないと思って生きてきました。そして、日々の暮らしのなかでどうしたら自分を楽しませられるかを、考えてきました。おいしいものを食べる。日々の暮らしのなかで小さな美しさを見つける。そんなささやかなことが、自分を楽しませ、生きる喜びを与えてくれました。

ヒント

77

「日ぐすり」という言葉のやさしさをかみしみる

日本語には、誰が言い始めたのかはわからないけれど、なんともいえない味わいのある言葉があります。

「日にちぐすり」という言葉も、そのひとつ。以前、妹が亡くなってしばらく経ってから、寂寥感に打ちひしがれている妹のつれあいに「日ぐすりという言葉を知ってらっしゃる？　今はいちばんつらいときかもしれないけれど、時間が薬になるので、一日一日を、ご自分を大切にして、妹の分まで生きてやってください」と申しました。

私も姑と夫を相次いで亡くしたあと、後片づけや事後処理が一段落してから、なんともいえないような寂しさが押し寄せてきました。そのとき、「日ぐすり」という言葉を思い出し、自分を慰めたものです。

ヒント

78

人の欠点には目をつぶり、いい面だけを見るようにする

かつて夫から、「人の欠点は、見えても見るな。いいところだけを見るようにしろ」と言われたことがあります。世の中には、欠点のない人なんていません。どんな人にも、いいところもあれば、悪いところもあります。

自分だって欠点がたくさんあるのだから、お互いさま。もし人の悪いところに気づいたら、心のなかで「自分にも同じような面があるかもしれない。気をつけよう」と、自分への戒めにすればよいのです。

「まぁ、人はいろいろだし。それにあの人は、こんないいところがあるのだから」と、その方の美点だけを見るようにすると、イライラしないですみます。逆に人の欠点を気にし始めると、イライラの種はつきません。すると腹が立つことも多く、日々おもしろくない気分でいることになります。

そう考えると、「人の欠点は、見えても見るな。いいところだけを見るように」というのは、人づきあいのコツであると同時に、幸せに生きるための極意と言っていいかもしれません。

ヒント

79

女性も男性も家事を身につけるのは自立の第一歩

自立というのは、なにも経済的な自立だけをさしているわけではありません。平たく言うと「自分のことは自分でできるように」ということです。

ところが男性は、どうやら高を括っている方が多いようです。定年後も、家事は妻任せ。ところが妻が病気になり、自分がなにもできないことに愕然とした、という話をよく聞きます。高齢になってから「この歳で、こんなことをするとは思わなかった」と感じるのは、けっこうつらいはず。人間として生きていくうえで、身のまわりをきれいにし、自分で自分を食べさせるのが、自立の出発点です。

男性も女性も、若い頃から家事を身につけておいたほうが、結局は将来、自分が楽になります。

ヒント

80

「できないこと」を受け入れる

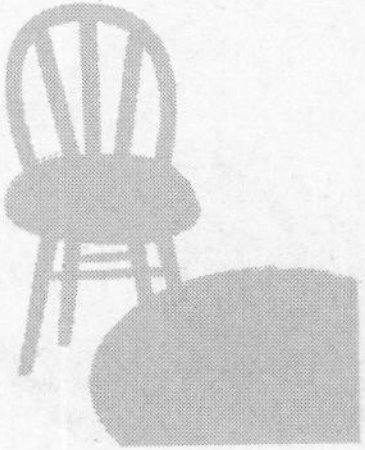

私は家事評論家として、仕事で料理を作り、デモンストレーションもしていました。しかし50代に入ってから、たとえば人前で鯵の頭をスパッと落とそうとして一気に切れなかったり、ときどき固いものが切りにくいなと感じるようになりました。若い頃より筋力が落ち、包丁さばきが鈍くなってきたのです。

そこで50代半ば頃、もうこれからは人前で仕事として料理を披露するのはやめようと決めました。自分が理想とする仕事のやり方ができないなら、スパッとやめよう。その代わり、違う仕事のやり方を探せばいいと、パッと切り替えたのです。力がなくなったら、生のカボチャはうまく切れません。だったら、ちょっと電子レンジにかけてからカボチャを切ればいい。そんなふうに、どう暮らしを便利にしていくかということに興味が移っていきました。

できないことや、衰えてきたことにしがみつくよりも、今の自分にできることを探す。そういう習慣を身につけておいたおかげで、歳を重ねて日々衰えを実感するようになっても、鬱々《うつうつ》とすることなく笑って生きていられるのだと思います。

ヒント

81

高齢になっても身だしなみを整える

姑の毎日の身だしなみを見ていました。朝起きるときちっと着替えをし、洗顔後はフランス製の化粧品でうっすらお化粧をし、髪へのブラッシングを欠かしませんでした。おしゃれと身だしなみは、ニュアンスが少々違います。姑の習慣を見て、私も見習わなければと思ったものです。

おしゃれは、主にお出かけのときにどういう恰好をするか。身だしなみは、日常生活のなかできちっとする、ということだと思います。起きたら着替えるというのも、最低限の身だしなみ。着替えると生活にけじめがつき、「さぁ、今日も一日が始まる」と、それなりに心構えができるからです。

高齢になると万事しんどくなるので、身だしなみにかまわなくなり、生活がずるずるしがちです。だからといってだらしなく過ごしていると、気持ちも後ろ向きになり、なんとなく鬱々としてきます。いつも前向きな気持ちでいるために、歳を重ねれば重ねるほど、身だしなみは重要だと思います。

ヒント

82

新しいことを始めるのに〝遅過ぎる〟ことはない

姑は若い頃ロンドンで身につけた英語を生かし、70代になってから、若い人たちに英語と英語圏でのマナー教室を開きました。人に教えるからには、まず自分が向上しなくてはいけない。そう発奮した姑は、「五〇年前学んだ私の英語力を、現在のロンドンで試したくなってきたわ」と言ってひとりで海外に出かけ、語学力のブラッシュアップをはかったのです。

英語の教室を開き、充実した日々を送っていたある日、姑の長女が亡くなりました。子に先立たれた親の悲しみは、察してあまりあります。しかし一〇日ほど経つと、「あまり長くお休みすると申し訳ないから、来週からまたお教室を始めようと思うの」と言うのです。深い悲しみのなかにあった姑を支えたのは、仕事をしているという責任感と誇りだったように思います。

何歳になっても新しいことに興味を持ち、好奇心も知識欲も旺盛で、自立心に富んでいた姑。私にとって、心から尊敬できる女性の先輩です。

ヒント

83

くよくよせず、好きなものを食べて、グーグー寝る

「どうしたら100歳近くまでお元気でいられるのですか？」とよく聞かれますが、私にはとくにこれといった健康法はありません。

ウォーキングもしなければ、食事制限もしません。本当に恥ずかしいくらい、なにもしていません。玄米が苦手なので、主食はもっぱら白米。いわゆる健康食にも、それほどこだわっていません。お肉が食べたければ食べるし、揚げ物を食べる日もあります。おやつも毎日欠かしません。自分がおいしいと思うものを食べて、すべて自然に任せる。その生活スタイルで、今日まで来ました。

ただひとつ言えるとしたら、わずらわしいストレスを遠ざけてきたことが、いちばんの健康法だったと思います。苦手な人からはうまく遠ざかり、たいていのことは笑ってすませ、人と自分を比べない。細かいことを気にせず、前向きに明るく生きてきたことが、健康につながったような気がします。

くよくよせず、好きなものを食べて、グーグー寝る。脳天気が健康の秘訣でしょうか。

ヒント

84

充実した下り坂期を過ごすには50代、60代が大事

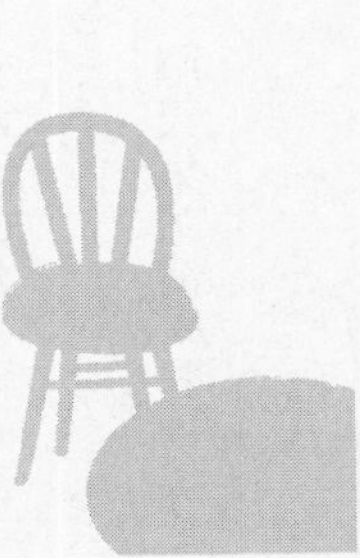

うかうかしていると、年月はあっという間に過ぎてしまいます。歳を重ねて豊かに生きていくには、人生が上り坂から下り坂に変わる切り替え時期に、いったん立ち止まってしっかり自分自身を見つめることが大事です。

私個人について言うと、50代の頃、日本人の生活史について学び、まとめたいという思いを抱きました。新しいものごとを学ぶには記憶力も衰えていましたが、それが私の生きがいにもなりました。そのとき得たものが、今の私の生活を支えてくれていると感じます。

100歳近くまで仕事を続けられたのは、もちろん多くの方の支えがあってのことですが、やはり50代、そして60代でしっかりものを考えたことが大きかったように思います。

ヒント

85

残された人に負担をかけない「しまい方」を考える

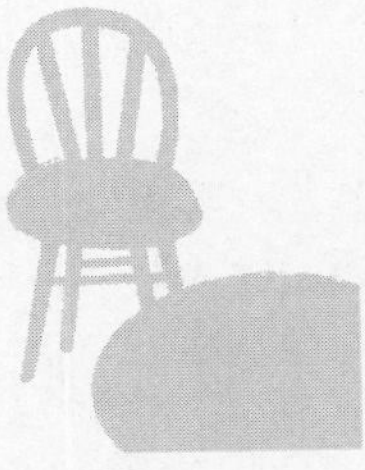

私はひとり暮らしで、子どももいないので、残された身内が困らないよう、すでに遺言書を書いています。

持ち物や蔵書の整理、寄付の先などの希望をリストにしてありますし、死んでから少しでもお役に立てるよう、献体の登録もしてあります。シンプルに生きてきたので、シンプルに逝きたい。そう思い、お葬式もしないよう身内に伝えてあり、死んだときの通知もすでに自分の手で書いてあります。

死後の行き場所は、夫が眠る小さなお墓です。すべて準備をしたら、気持ちがすっきりし、ますます心が軽やかになりました。

残していく人に迷惑をかけたくないなら、それなりのしまい方を考えるとよいでしょう。

あとは一日一日、「今日も幸せ」と思って生きていきたいものです。

ヒント

86

「人間は結局ひとり」という覚悟が人を元気にする

私の場合は、もともと丈夫だったのと、若い頃から「人間は結局、ひとりで生きていかなくてはいけない」という一種の覚悟を持って生きてきたことが、高齢になっても元気でいられる理由かもしれません。

働き始めたのは15歳のとき。戦争を挟み、30歳で結婚しましたが、夫は文芸評論を仕事としていたので、定収入があるわけではありません。

だから私は、自分で自分を食べさせられるようにと、結婚後も仕事を続けてきました。それに夫は10歳上だったので、私のほうが残るに違いないと思っていました。

「なんとかひとりで生きていけるように」という強い思いが、私の元気の原動力でしたし、１００歳まで比較的健康に過ごすことができた理由かもしれません。

ヒント

87

衰えていく自分をうまくあやし、下り坂の風景を味わう

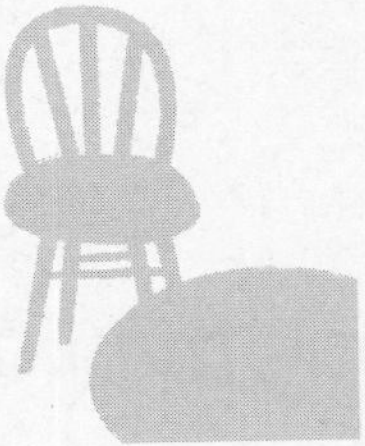

人間、100年も生きていると、身体のあちこちにガタがきます。生来丈夫だった私も、ここ数年、身体の不如意に悩まされています。生活を手伝ってくれる身内はいるものの、ひとりの寂しさを感じることもあるし、肉体の衰えがまったくつらくないかといえば嘘になります。

ただ、これは今の私が見なくてはいけない風景だと思って、自分でうまくあやすようにしています。人生で上り坂のときは、若さゆえの不寛容もあるのでしょう。人に対しても「この人、どうしてこれができないのかしら」などと思ったりもしました。

今は、人にはそれぞれの体力があるし、できることの量も一人ひとり違うのだと理解できます。上り坂の風景もなかなかいいものですが、下り坂になったからこそ、見えるものもあります。それを今は、全身で味わっています。

ヒント

88

病気とも好奇心でつきあう

体が丈夫で病気とはほとんど縁なくきましたが、さすがにここ数年、不調が出てきました。

ふらふらすると思ったら、肺に水がたまり、貧血も起こしていたのです。心臓も、ちょっと問題があるようです。そこで定期的に短期入院をして、肺の水を抜いて輸血もしています。この歳になると、身体に不具合があるのは当たり前。心臓だって100年近く動き続けてきたのですから、少々くたびれるのは当然です。だったら今まで未知だった「病気」という状態や、病院の人々の様子などを観察して、おもしろがってしまおう、そんな気持ちでいます。

すると看護師さんのしゃべり方ひとつとっても、それぞれ違っていて、なかなかおもしろいのです。「へぇ、こんな話し方をするんだ。どこの出身だろう」などと想像してみたり、ちょっと尋ねてみたりしています。

一日中、寝間着でいると気持ちが後ろ向きになると気づいたのも、入院したおかげです。入院中の自分を観察したおかげで、きちんとしなくてはいけないと、改めて自分を戒めることもできました。

ヒント

89

おもしろがる精神で「老い」をとらえてみる

夫は晩年、「自分が老人になるなんてまったく考えていなかったから、歳をとって初めて出会う自分がおもしろくてたまらない」と言っていました。老いの受け止め方はそれぞれです。

性格も人によって違うでしょうから、衰えていくことを悲しみ、なんのために生きているのかと、鬱々とする方もいるかもしれません。しかし、どうせなら、最期のときまで幸せに生きたいもの。そのためには「老い」という未知の領域への好奇心を働かせ、自分の老いさえもおもしろがる気持ちでいたほうが、日々楽しいと思うのです。

この歳になっても、まだ初めての経験ができる。そう思うと、私は先が楽しみでなりません。これからも自分の老いを観察し、「へぇ、人間ってこんなふうになるのね」と変化をおもしろがり、ゆくゆくは、「ほぉ、死とはこういうものなのか」と未知の世界を楽しみ、日々自分らしく生きていきたいと思います。

ヒント

90

先々を不安に思うより、今を精いっぱい楽しく

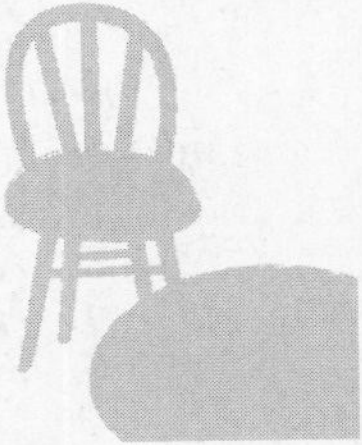

「100歳でひとり暮らしなんて、不安じゃありませんか？」と、よく尋ねられます。もちろん、不安なこともたくさんあります。しかし、人間いつなにがあるかわからないのは、家族がいても同じ。ひとりだから、とりわけ不安というわけではありません。

さすがにこの歳になると、人の助けを借りなくてはいけないこともたくさんあります。甥や姪、友人・知人、ご近所の方など、いろいろな方の支えがあってこその今の暮らしです。「認知症になったらどうしよう」という声も、よく聞きます。私だって、夜寝られないときなど、なにかしら不安になる日がないわけではありません。しかし次の瞬間、「先のことを思い悩むなんてバカらしい」と、自分の不安を打ち消すようにしています。なぜなら、いったんなにかに不安を感じだすとどんどん連鎖的に不安が生まれ、気持ちが後ろ向きになるからです。

人間、なるようにしかなりません。どうなるかわからない未来におびえながら暮らすよりも、今を精いっぱい楽しんで、笑いながら過ごすほうが、ずっと幸せではないでしょうか。

第5章
「私のしないこと十訓」

第5章

自分らしく生きるために「しないこと」

私が100歳まで、比較的いつもご機嫌に過ごすことができたのは、「自分らしく生きる」という思いを持ち続けていたからかもしれません。そこだけは、どんなときにも、ぶれませんでした。

私にとって「自分らしく生きる」とは、自分の足で立つこと。そして、常識や世間体に流されないで過ごすこと。そのためには知恵と工夫をこらして生きてきました。

最後に、「自分らしく生きる」ために、意識的に自戒してきたことをあげてみましょう。

人は自分が望む人生を送るために、ふつうは「自分がしたいこと」をいくつも考えますが、私には「しないようにしてきたこと」がいくつかあります。

人生、自分ではどうにもならないこともあります。そこでいつまでもくよくよしたり悔やんだりしたくありませんし、無理な我慢もせず、なるべく自然体でいたいものです。だから理不尽なことに出合ったときこそ、「私はこういうことをしないように気をつけよう」と心がけるようにしたのです。

そういった経験を重ねるにつれて、これも前向きな人生への近道なのではないかと思うようになりました。「私のしないこと十訓」は、いわば「幸せになるための十訓」と言ってもいいかもしれません。

ヒント

91

愚痴は言わない

十訓・その一

私の
しないこと
十訓

愚痴をこぼしているときの人間の顔は、不満たらしくて、醜いものです。なかには口をへの字にひん曲げている人もいますが、そんな人に近づきたいとは誰も思わないでしょう。愚痴を言わないためには、イヤなことや苦手な人を上手に避けて通ることも必要かもしれません。

あまり義理を気にせず、どんなときでも自分らしくあれば、そうそう不満はたまらないのではないかと思います。私は100歳になりました。100年もこの体を使ってきたのだから、どこか病気が出てくるのも当たり前。だから「そんなものだ、仕方がない」と思っています。

ところがまわりを見ると、高齢になるにつれて愚痴が増える人が少なくありません。自分ばかりなんでこんな目にあうのだろう、なぜこんなに不幸なのかという嘆きもよく聞きます。誰だって、なりたくて病気になるわけではありません。ある程度の歳になったら、病気になるのは当然と思って、受け入れるしかないと思います。

ヒント

92

十訓・その二

世間体は考えず したくないことはしない

私の しないこと 十訓

冠婚葬祭を大事にするのは、世間一般では当たり前のことだと思います。でも私は、とくに親しくもない方や個人的に存じあげていない方のところにまでなぜお香典を持っていくのかと、なんとなく違和感を抱いていました。

ですからいろいろな方が亡くなったとき、お香典を持って駆けつける、みたいなことはしてきませんでした。そんなふうに常識や世間体にとらわれない私の生き方は、人によっては、自分勝手に映るかもしれません。しかし「したくないことはしない」と通すのも、自分らしく生きるためには大事なことです。義理に縛られ、本意ではないことを無理やり続けていると、結局はストレスから体にも負担がかかります。

嫌われたらどうしよう、変わりものだと仲間外れにされたらどうしようなどと余計な心配はせずに、本当に気の合う人とだけ人間関係を続けていけばいい。私はそう考えて、生きてきたのです。

ヒント

93

十訓・その三

心のつながりを大事に。義理のおつきあいはしない

私はいわゆる盆暮れの贈答はしません。その代わり、友人や知人、お世話になっている方に贈りものをすることはよくあります。とくにおいしいものを食べたとき、「あの人にもぜひこれを食べてもらいたい」「あの人ならきっと、この味が好きなはず」と、誰かの顔が浮かんでくるのです。義理のおつきあいも、なるべく避けるようにしています。

とくに80歳を過ぎてからは、身体的な負担も大きいので、パーティーなどにも顔を出さないと決めました。長い間、日本では、季節のご挨拶や冠婚葬祭など義理のおつきあいをきっちりすることが美徳であり、人としての作法だと考えられてきました。でも、自分の身を削ってまで義理に縛られることはないと思うのです。

とくに老齢ともなれば、体力も衰えてきます。「歳のせいで疲れやすくて」と言えば、たいていのことは受け入れてもらえるはず。時間的にも精神的にも負担になる儀礼的なおつきあいは廃するけれど、大切な人との心のつながりは大事にする。それでいいのではないかと、私は考えています。

ヒント

94

十訓・その四

人間関係は腹八分目。深入りし過ぎない

どんなに親しい間柄でも、人には触れてほしくない部分があるものです。そういうところには、絶対に触れないようにしています。どの程度なら立ち入っても大丈夫なのかは、相手によっても違います。ですから相手の方の性格や考え方などを見ながら、ここから先は立ち入らないほうがいいと、敏感に感じることも大事だと思います。

なかには親しくなったら相手のなにもかも知っていたいという人もいて、「あの人には言っているのに、私には話してくれなかった」などと、不満をこぼす方もいるようです。しかしそれは友情ではなく、単なる独占欲にすぎません。いずれにせよ、大人同士であれば、距離感を測りつつ、腹八分目のおつきあいをするのがいいのではないでしょうか。

理想は、お互いに自立しており、必要以上に私生活に入り込まない関係です。親しき中にも一線を引き、ある一定の距離感を保った淡々としたおつきあいのほうが、結果的に長く続くのではないかと私は思っています。

ヒント

95

私の
しないこと
十訓

十訓・その五

世の中の競争のほとんどがどうでもいいこと。だから人と自分を比べない

私は、人がなにをしているか、人からどう思われているかといったことには、なるべく無関心でいるようにしてきました。競争の渦中にも、入らないように注意しています。

世の中の競争のほとんどが、どうでもいいことです。そんなことにかかわらなくてもいいし、ましてや自分が当事者となり、誰かと競争するなんて面倒なだけです。私が若い頃、マスコミの世界で活躍している女性たちは、あまり家事をしない方がほとんどでした。ところが私が一所懸命考えていたのは、効率のいい掃除の仕方や、ごはんの炊き方など。そんなことを仕事にしている人は他にいなかったし、自分が関心のあることを追求していればよかったのです。

ライバル心というのは、ときに自分を奮起させ、がんばらせるための原動力となります。しかしやみくもに人と自分を比べ、ライバル心を燃やしていると、焦りや苛立《いらだ》ちが生じやすく、結局自分がしんどくなります。「自分は自分」と思うのが、心穏やかに生きるコツではないでしょうか。

ヒント 96

十訓・その六

夫婦も他人。相手に多くを望まない

私の
しないこと
十訓

うちでは夫婦の間でも、お互いに立ち入らない部分を作っていました。夫婦であれ、まったく別の個性と感性を持った他人です。だから自分とは違って当然だし、あまりずかずか相手の領域に踏み込まないほうが、お互いの関係を円滑に保つことができるのではないでしょうか。

最近は「夫は私のことを理解してくれない」と不満を抱く女性も多いようですが、そもそも他人を完全に理解することなど、無理ではないかと思います。自分自身のことですら、すべて理解することは難しいのですから。「こうあってほしい」「こうしてほしい」と相手に対して要求が多ければ多いほど、満たされない思いがふくれあがり、イライラも募ります。そうなれば、結局は自分がしんどいだけです。

自分とは違う人間なのだから、思い通りにならないのはしようがない。そう心得てほどよい距離感を保っていたほうが、夫婦間で波風も立ちにくく、お互いに生きやすいのではないかと思います。

ヒント

97

私の
しないこと
十訓

十訓・その七

悪口や噂話には、なるべくかかわらない

私は、人の悪口や噂話《うわさ》には加わりません。たまたま場がそういう雰囲気になったときは、「ちょっと失礼しますね」と、自然に席をはずすようにしています。どうしてもその場を離れることができない場合は、うまく話をそらすか、決して同意するそぶりを見せずに、なんとかやり過ごすようにします。そのうち相手も張り合いがなくなるのでしょう。私には言ってこなくなります。

悪口を言うときの人の顔は、観察すると、醜くゆがんでいるはずです。相手をおとしめるような噂話をしている人たちの顔も同じです。頻繁にそういう顔をしていると、その表情が顔に刻み込まれ、いずれ意地の悪い顔つきになってしまうことでしょう。

噂話が好きな人は、その場で一緒に盛り上がっていた人のことも、また別の場所で噂するはずです。悪口も然《しか》り。そういう人とは、かかわらないのがいちばん。価値観を共有できる人と、風通しがいい、ほどほどの人間関係を大事にするだけで充分だと思います。

ヒント

98

私の
しないこと
十訓

十訓・その八

相手を尊重し
人のプライドを傷つけない

人には誇りがあります。プライドと言い換えてもいいかもしれません。ですから年齢や性別に関係なく、相手を尊重する気持ちは忘れてはいけないと思います。

以前は、けっこう若い方を自宅にお預かりしていましたが、若い人もそれぞれ個性があり、自分なりの考え方を持っているものです。ですから、いくら私のほうが年上で、さまざまな経験を積んできたからといって、あまり私の考えを押しつけませんでした。ただ年上ということだけで、上からの目線でなにか言うのは、おこがましいと思っていたからです。

一人ひとりの個性を尊重してきたから、みなさん、のちのち私と過ごした時間を懐かしく思ってくださるのではないでしょうか。今もときどき、訪ねてきてくれます。老いて外出がままならなくなった私にとって、みなさんの訪問はとても貴重な時間。ありがたいなと思っています。

ヒント

99

十訓・その九

親しい間柄でも金銭の貸し借りはしない

私のしないこと十訓

親しい人との間でも、金銭の貸し借りはしてはいけないと思います。貸し借りがきっかけでつきあいがなくなったり、仲がこじれるのは、よくあること。若いときにそういうことを身のまわりでよく見てきたので、私は一切、金銭の貸し借りはしないと心に決めて生きてきました。

ただ、親戚や本当に仲のいい人が困っており、融通してほしいと頼まれると、なかなかむげには断れないものです。そういう場合はなにがしかのお金を用意し、「私に今できるのはこれだけなの。これは返さなくていいから、役立ててちょうだいね」という言い方をすると、角が立ちません。

いったんお金を貸してしまうと、なかなか返ってこなかったとき、催促をするほうもつらいもの。身内であっても、やはりお金の貸し借りはできるだけ避けたほうがいいと思います。

ヒント 100

十訓・その十

人のやることに口出しをしない

私のしないこと十訓

人は人、自分は自分。人は一人ひとり違う価値観や感性を持っているのだから、自分と違っていて当たり前。だから意見や考え方が違っても、「この人はこういう考え方をするのだ」と思い、見過ごしていればいい。そう思っているからこそ、かえって人に対してわりとやさしくできるのかな、という気もします。

日常生活や仕事のなかで人と意見がぶつかっても、自分にとって絶対に譲れないものではないのなら、私は我慢して相手を受け入れます。ただし、自分の価値観からここだけは譲れないというときは、「イヤなものはイヤ」という態度を貫きます。ふだん、なんでもかんでも自分のやりたい放題、我を通すのは、単なるワガママです。

ほとんどのことは見過ごして、ここぞというときに自分を通す。それが、人と摩擦を起こさず、それでいて自分らしさを失わずに生きるためのコツかもしれません。

おわりに

振り返ると、いろいろなことがあった100年です。自分がどんな道をたどってきたのか。それをこれからいろいろ考えてみるのも、いいなと思っています。65歳までは、夫の世話や姑の介護もあり、家族のために生きた人生でした。それから三五年間、私は第二の人生を、存分に楽しんできました。

高齢になってから、静かではあっても、自分なりにイヤなことなく暮らしてきました。それは本当に幸せなことだと思っています。体は衰える一方ですが、心のほうはまだ健康です。心が健康だと、人があまり離れていかないようで、幸い、訪れてくれる友人・知人は数多くいます。誰かが訪ねてきてくれると楽しくて、「一緒にお寿司食べましょうよ」などと、いそいそします。ときには甥や姪に頼んで、都心のおいしいものを買ってきてもらったりもします。

おいしいものを食べながらおしゃべりをしていると、イヤなことも忘れてしまいます。だから日々、機嫌よく暮らせるのかもしれません。

最近は体がだんだんきかなくなり、なにをするにも時間がかかるようになりました。家の中を歩くのも、集中しないとひっくり返ってしまうので、一歩一歩慎重にゆっくりと足を運ぶ必要があります。お手洗いに行くのも一所懸命。大袈裟にいえば、全力を傾けて行く感じです。

とにかく、一所懸命生きているだけで精いっぱい。あっという間に一日が過ぎてしまいます。そんな毎日ですが、ささやかな幸せを大事にし、これからも一日一日、丁寧に生きていきたいと思います。

このたびの本は、中央公論新社の府川仁和さん、ライターの篠藤ゆりさんにお世話になりました。私の自宅のテーブルで、お茶菓子をいただきながら楽しくおしゃべりした時間が一冊にまとまりました。

この本を手にとっていただいた読者のみなさまにも感謝申し上げます。

吉沢久子

『100歳の100の知恵』二〇一八年四月　中央公論新社刊

中公文庫

100歳《さい》の100の知恵《ちえ》

2021年8月25日　初版発行
2022年4月30日　再版発行

著　者　吉沢《よしざわ》久子《ひさこ》

発行者　松田陽三

発行所　中央公論新社
〒100-8152　東京都千代田区大手町1-7-1
電話　販売 03-5299-1730　編集 03-5299-1890
URL https://www.chuko.co.jp/

印　刷　大日本印刷

製　本　大日本印刷

Published by CHUOKORON-SHINSHA, INC.
Printed in Japan　ISBN978-4-12-207104-9 C1195

か-86-1
老後の資金がありません
垣谷美雨
老後は安泰のはずだったのに！　家族の結婚、葬儀、失職……ふりかかる金難に篤子の奮闘は報われるのか？　〝フツーの主婦〟が頑張る家計応援小説。
206557-4

か-86-2
夫の墓には入りません
垣谷美雨
ある晩、夫が急死。これで〝嫁卒業〟と思いきや、介護・墓問題・夫の愛人に悩まされる日々が始まった。救世主は姻族関係終了届⁉　心励ます人生逆転小説。
206687-8

せ-1-16
小説家の内緒話
瀬戸内寂聴
山田詠美
読者から絶大な支持を受け、小説の可能性に挑戦し続ける二人の作家の顔合わせがついに実現。「私小説」「死」「女と男」について、縦横に語りあう。
204471-5

せ-1-17
寂聴の美しいお経
瀬戸内寂聴
疲れたとき、孤独で泣きたいとき、幸福に心弾むとき……どんなときも心にしみいる、美しい言葉の数々。声に出して口ずさみ、心おだやかになりますように。
205414-1

せ-1-18
日本を、信じる
瀬戸内寂聴
ドナルド・キーン
ともに九十歳を迎える二人が、東日本大震災で感じた日本人の底力、残された者たちの生きる意味、さらには自らの「老い」や「死」について、縦横に語り合う。
206086-9

せ-1-6
寂聴　般若心経　生きるとは
瀬戸内寂聴
仏の教えを二六六文字に凝縮した「般若心経」の神髄を自らの半生と重ね合せて説き明かし、生きてゆく心の拠り所をやさしく語りかける、最良の仏教入門。
201843-3

せ-1-8
寂聴　観音経　愛とは
瀬戸内寂聴
日本人の心に深く親しまれている観音さま。人生の悩みと苦難を全て救って下さると説く観音経を、自らの人生体験に重ねた易しい語りかけで解説する。
202084-9

せ-1-9
花に問え
瀬戸内寂聴
孤独と漂泊に生きた一遍上人の俤を追いつつ、男女の愛執からの無限の自由を求める京の若女将・美緒の心の旅。谷崎潤一郎賞受賞作。〈解説〉岩橋邦枝
202153-2

各書目の下段の数字はISBNコードです。978－4－12が省略してあります。

な-12-3
氷　輪（上）
永井路子
波濤を越えて渡来した鑑真と権謀術策に生きた藤原仲麻呂、孝謙女帝、道鏡たち——奈良の都の政争渦巻く狂瀾の日々を綴る歴史大作。女流文学賞受賞作。
201159-5

な-12-4
氷　輪（下）
永井路子
藤原仲麻呂と孝謙女帝の抗争が続くうち女帝は病に。その平癒に心魂かたむける道鏡の愛に溺れる女帝。奈良の都の狂瀾の日々を綴る。〈解説〉佐伯彰一
201160-1

な-12-5
波のかたみ　清盛の妻
永井路子
政争と陰謀の渦中に栄華をきわめ、西海に消えた平家一門を、頭領の妻を軸に綴る。公家・乳母制度の側面から捉え直す新平家物語。〈解説〉清原康正
201585-2

た-43-2
詩人の旅　増補新版
田村隆一
荒地の詩人はウイスキーを道連れに各地に旅立った。北海道から沖縄まで十二の紀行と「ぼくのひとり旅論」を収める〈ニホン酔夢行〉。〈解説〉長谷川郁夫
206790-5

き-6-16
どくとるマンボウ途中下車
北杜夫
旅好きというわけではないのに、旅好きとの誤解からマンボウ氏は旅立つ。そして旅先では必ず何かが起こるのだ。虚実ないまぜ、笑いうずまく快旅行記。
205628-2

き-6-3
どくとるマンボウ航海記
北杜夫
たった六〇〇トンの調査船に乗りこんだ若き精神科医の珍無類の航海記。北杜夫の名を一躍高めたマンボウ・シリーズ第一作。〈解説〉なだいなだ
200056-8

つ-3-30
完全版　若き日と文学と
辻邦生
北杜夫
青春の日の出会いから敬愛する作家、自作まで。親友の二人が闊達に語り合う。ロングセラーを増補、全対談を網羅した完全版。〈巻末エッセイ〉辻佐保子
206752-3

い-35-18
にほん語観察ノート
井上ひさし
ふだんの言葉の中に隠れている日本語のひみつとは？「言葉の貯金がなにより楽しみ」という筆者のとっておき。持ち出し厳禁、言葉の見本帳。
204351-0

い-35-19
イソップ株式会社
井上ひさし
和田　誠　絵
夏休み。いなかですごす二人の姉弟のもとに、毎日届く父からの手紙には、一日一話の小さな「お話」が書かれていた。物語が生み出す、新しい家族の姿。
204985-7

い-35-20
十二人の手紙
井上ひさし
転落した修道女の身も心もボロボロの手紙や家出少女の手紙など、手紙だけが物語る笑いと哀しみがいっぱいの迫真の人生ドラマ。新装改版。〈解説〉扇田昭彦
205103-4

い-35-23
井上ひさしの読書眼鏡
井上ひさし
面白くて、恐ろしい本の数々。足かけ四年にわたり新聞連載された表題コラム34編。そして、藤沢周平、米原万里の本を論じる、最後の書評集。〈解説〉松山　巖
206180-4

い-35-24
完本　小林一茶
井上ひさし
何重にも施された仕掛けによって、おかしく哀しく敬虔に俳人一茶の半生を描き出す、読売文学賞受賞の傑作戯曲。エッセイ、対談、「一茶百句」などを増補。
206847-6

い-35-25
四捨五入殺人事件
井上ひさし
大雨で孤立状態となった山間の温泉宿。そこに足止めされた二人の作家の前で、密室殺人が起こる。演劇的仕掛けに富んだミステリーの逸品。〈解説〉松田哲夫
206905-3

は-45-3
花
林　真理子
芸者だった祖母と母、二人に心を閉ざしキャリアウーマンとして多忙な日々を送る知華子。大正から現代へ、哀しい運命を背負った美貌の女三代の血脈の物語。
204530-9

は-45-5
もっと塩味を！
林　真理子
美佐子は裕福だが平凡な主婦の座を捨てて、天性の味覚だけを頼りにめくるめくフランス料理の世界に身を投じるが……。ミシュランに賭けた女の人生を描く。
205530-8

は-45-6
新装版　強運な女になる
林　真理子
強くなることの犠牲を払ってきた女だけがオーラを持てる。ぴかりと光る存在になるために運気を貯金しよう――。時代を超えて愛読される「女のバイブル」。
206841-4

各書目の下段の数字はISBNコードです。978－4－12が省略してあります。

み-18-11
蔵（上）
宮尾登美子
雪国新潟の蔵元に生まれた娘・烈。家族の愛情を受け成長した烈には、失明という苛酷な運命が待っていた。烈と家族の苦悩と愛憎の軌跡を刻む渾身の長篇。
202359-8

み-18-12
蔵（下）
宮尾登美子
打ち続く不幸に酒造りへの意欲を失った父にかわり、女ながらに蔵元を継いだ烈。蔵元再興に賭けた彼女の波瀾に満ちた半生を描く。〈解説〉林真理子
202360-4

み-18-9
寒椿
宮尾登美子
戦争という苛酷な運命を背景に、金と男と意地が相手の稼業に身を投じた四人の女がたどる哀しくも勁い愛の生涯を描く傑作長篇小説。〈解説〉梅原稜子
202112-9

い-23-3
蓮如
―われ深き淵より―
五木寛之
焦土と化した中世の大地に、慈悲と怒りを燃やし、人間の魂の復興をめざして彷徨う蓮如。その半生を躍動する人間群像と共に描く名著。〈解説〉瀬戸内寂聴
203108-1

あ-32-10
ふるあめりかに袖はぬらさじ
有吉佐和子
世は文久から慶応。場所は横浜の遊里岩亀楼。尊皇攘夷の風が吹きあれた幕末にあって、女性たちはどう生き抜いたか。ドラマの面白さを満喫させる傑作。
205692-3

あ-32-11
出雲の阿国《おくに》（上）
有吉佐和子
歌舞伎の創始者として不滅の名を謳われる出雲の阿国《おくに》だが、その一生は謎に包まれている。日本芸能史の一頁を活写し、阿国に躍動する生命を与えた渾身の大河巨篇。
205966-5

あ-32-12
出雲の阿国（下）
有吉佐和子
数奇な運命の綾に身もだえながらも、阿国は踊り続ける。歓喜も悲哀も慟哭もすべてをこめて。桃山の大輪の華を描き、息もつかせぬ感動のうちに完結する長篇ロマン。
205967-2

あ-32-5
真砂屋《まなごや》お峰
有吉佐和子
ひっそりと家訓を守って育った材木問屋の娘お峰はある日炎の女に変貌する。享楽と頽廃の渦巻く文化文政期の江戸を舞台に、鮮烈な愛の姿を描く長篇。
200366-8